Adare Friary 53
Ahenny High Crosses 48
Annalong 81
Araninseln 23
Ardagh 34
Ardcarraig Garden 110
Ardmore Cathedral & Round Tower 46
Armagh 24
Ballintoy 134
Ballynahinch 88
Beaghmore Stone Circles 6
Beaulieu Garden 115
Belfast 84
Benbulben 19
Birr Castle 61
Black Valley 103
Blarney Castle 59
Boa Island Statue 50
Brandon Strand 125
Broighter Gold Hoard 127
Bullock Harbor 120
Bunratty Castle 60
Burren 16
Butterstream Garden 107
Calann, Battle of 58
Caragh Lake 133
Carrantuohil 75
Cavan 79
Ceide Fields 105
Charles Fort 62
Clarinbridge 124
Clew Bay 78
Clifden 70
Cliffs of Moher 98
Clogher Bay 93
Clonard Monastery 36
Clonfert Cathedral 38
Clonmacnoise Monastery & High Crosses 37
Cobh 122
Cooley, Halbinsel 104
Cong Monastery 51
Connemara 76
Cork 118
Coumeenole Strand 92
Croagh Patrick 123
Dalkey Island 121
Derry 26
Derrynaflan 35
Dingle, Halbinsel 29
Doe Castle 67
Doo Lough 89
Dowth 15
Drogheda 13
Dromberg Stone Circle 22
Dublin 112
Dun Aengus 7
Dunbeg Fort 28
Dundalk 21
Dunluce Castle 68
Durrow 32
Gallarus Oratory 42
Galway 111
Giant's Causeway 77
Glanmire 109
Glendalough Monastery 45
Glengarriff 101
Gleninsheen Gold Gorget 132
Glenmacnass Waterfall 100
Gortnavern Dolmen 17
Grianán of Aileach 10
Hill of Tara 9
Hore Abbey 130
Inishmurray Monastery 44
Iveragh, Halbinsel 131
Jerpoint Abbey 52
Kells 33
Kenbane Castle 63
Kildare 39
Killarney 65
Kinsale 3
Kinvara 126
Knowth 5
Kylemore Abbey 55
Lacada Point 69
Lakemount Garden 108
Larrybane 96
Leacanabuaile Stone Fort 30
Leamaneagh Castle 99
Liscannor 31
Lismore 71
Lough Corrib 102
Lough Neagh 106
Lough Ree 91
Lough Swilly 12
Lorrha 25
Lucan House 129
Mellifont Abbey 54
Monasterboice Monastery & High Crosses 47
Mount Brandon 94
Mount Stewart Garden 113
Mourne Mountains 74
Mulroy Bay 18
Mweelrea Mountains 90
Navan Fort 8
Nendrum Monastery 40
Newgrange 4
O'Brien Castle 66
Poulnabrone Dolmen 14
Powerscourt House and Gardens 2
Proleek Dolmen 20
Quin Abbey 57
River Blackwater 72
River Liffey 119
Rock of Cashel 1
Ross Castle 64
Roundstone 135
Russborough House 128
St. John 136
St. Macdara's Island Church 43
Sally Gap 86
Saltee-Inseln 95
Silent Valley 80
Skellig Michael 41
Slane Castle 73
Slieve Binnion 83
Slieve Donard 82
Staigue Fort 27
Strangford Lough 114
Trim Castle 56
Twelve Pins/Bens 87
Waterford 117
Wexford 116
Wicklow Hills 85
White Island Statues 49
White Rocks 97

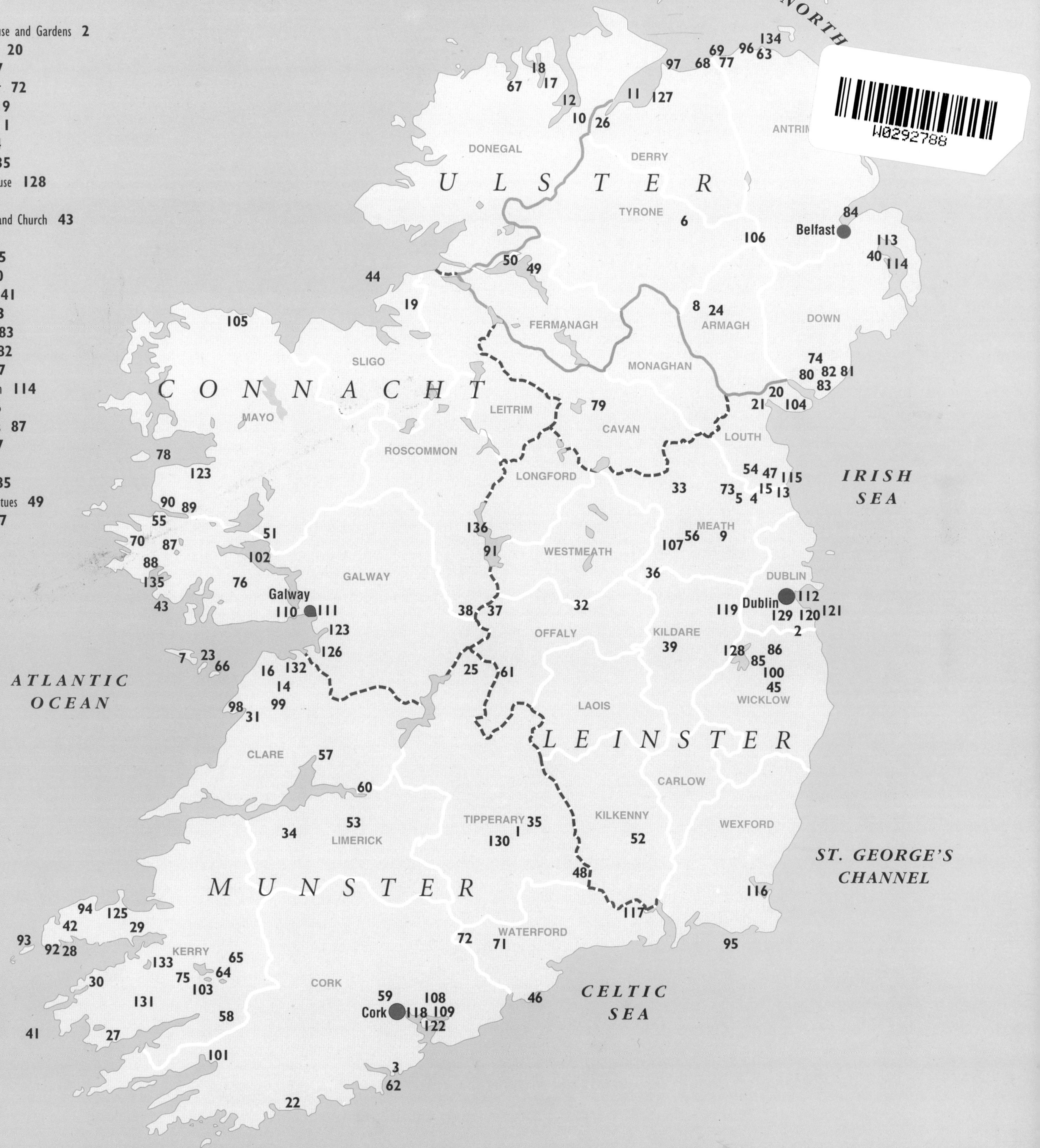

ACTONS

SOVEREIGNS INN
GALLERY

IRLAND

ZWISCHEN MAGIE UND MODERNE

Text von

Peter Harbison

Fotos von

Liam Blake

Michael Diggin

Colman Doyle

Christopher Hill

Jill Jennings

Brian Lynch

George Munday

Jacqueline O'Brien

Peter Zoeller

und anderen

KÖNEMANN

Dank:
Für die erwiesene Unterstützung dankt der Verlag dem Irish Tourist Board, dort besonders Ruth Moran, Clive Brooks und Brian Lynch; dem Northern Irish Tourist Board; dem Merrion Hotel, Dublin; Valerie Dowling, dem National Museum of Ireland; Tony Roche, Dúchas, dem Heritage Service, Dublin; Letitia Pollard, Ireland of the Welcomes, Dublin; Lady Mairi Bury, J. P., Brian Cross, Helen Dillon, Lorna Mac Mahon und Jim Reynolds für die Erlaubnis, ihre Gärten zu besuchen; G. E. Munday, J. J. Blandford, Carrie Fonseca, Erin Parsons und Leona McEvoy, The Slide File, Dublin; Lara Lynn Lane, Hugh Lauter Levin Associates, Inc.

Fotonachweise:
Liam Blake (Slide File): Seiten 2-3, 4-5, 6-7, 8-9, 23, 24 (unten), 26-27, 32 (unten), 36 (unten), 37, 38 (links), 46 (oben), 62, 66-67, 69, 71, 72-74, 76-77, 78-79, 82 (unten), 84-85, 87 (rechts), 88-89, 90 (unten), 94-96, 98 (oben, links), 122, 124, 126, 127
Jamie Blandford (Slide File): Seiten 14, 68, 86, 87 (oben), 92
Michael Corrigan (Slide File): Seite 99
Michael Diggin: Seiten 1, 52, 61 (links), 70, 75, 83, 91, 97, 105 (rechts), 136
Bill Doyle (Slide File): Seite 98 (unten)
Colman Doyle: Seiten 128, 129 (linke Spalte und Mitte), 130 (oben, rechts), 131 (obere und mittlere Reihe)
Valerie Dowling (National Museum of Ireland): Seiten 17, 18 (unten, rechts), 19 (links)
Dúchas, The Heritage Service, Dublin: Seiten 22, 35, 36 (oben), 38 (rechts)
Tim Hannen (Slide File): Seite 50 (links)
Christopher Hill (Christopher Hill Photographic): Seiten 10-12, 29, 46 (rechts), 54, 64, 80, 81, 82 (oben), 90 (rechts), 93, 101, 104, 124 (links), 125, 131 (unten)
Christopher Hill (Slide File): Seite 50 (unten)
The Irish Picture Library: Seiten 24 (oben), 123 (obere Reihe)
The Irish Tourist Board: Seiten 20 (Brian Lynch), 33 (Brian Lynch), 40 (rechts) (Brian Lynch), 121, 129 (rechts), 130 (links und ganz rechts)
Jill Jennings (Christopher Hill Photographic): Seiten 16, 100 (rechts), 102-103, 105 (links)
The Merrion Hotel: Seiten 123 (unten, Mitte und rechts)
George Munday (Slide File): Seiten 32 (oben), 65, 106, 107, 108, 109, 110, 111, 112, 113, 114, 115, 116, 117, 118, 119
The National Museum of Ireland: Seite 18 (oben, rechts)
The Northern Irish Tourist Board: Seite 124 (rechts)
Nutan (Slide File): Seiten 132-134, 135
Jacqueline O'Brien: Seiten 19 (oben, links und rechts), 21, 25, 28, 30, 31, 34, 39, 40 (links), 41, 42, 44, 45, 47, 48, 49, 53, 56, 57, 58, 59, 60, 61 (rechts), 63, 120.
Trinity College, Dublin: Seite 18 (oben)
Felix Zaska (Slide File): Seite 43 (rechts)
Peter Zoeller (Slide File): Seiten 43 (links), 51, 55, 98 (oben, rechts), 100 (links), 130 (unten, rechts)

Fotos: Seite 1: Heudiemen über dem Caragh See, County Kerry; Seiten 2-3: Hore Abbey, Rock of Cashel, County Tipperary; Seiten 4-5: Cottage bei Clifden, Connemara, County Galway; Seiten 6-7: Powerscourt Gardens, County Wicklow; Seiten 8-9: Kinsale, County Cork; Seiten 10-12: Ballintoy, County Antrim; Seite 14: Twelve Bens vom Moorweg bei Roundstone, County Galway, aus gesehen.

Originaltitel: Spectacular Ireland

Könemann Verlagsgesellschaft mbH, Bonner Straße 126, D-50968 Köln

Übersetzung aus dem Englischen: Astrid Ogbeiwi für folio
Redaktion und Satz: folio, Marion Voigt

Projektkoordination: Andrea Fuß
Herstellung: Ursula Schümer

Druck und Bindung: Sing Cheong Printing Co., Ltd.
Printed in Hong Kong/China

ISBN 3-8290-3592-6

10 9 8 7 6 5 4 3 2 1

INHALT

Einleitung

Richtet man den Blick auf die Geschichte eines Landes, scheinen die Dinge – je länger sie zurückliegen – sich zu entfernen anstatt näher zu rücken, ganz als spähe man verkehrt herum durch ein Teleskop. Die Siedlungsgeschichte Irlands unterscheidet sich insofern nicht von der anderer Länder, als unser Wissen über die Ureinwohner abnimmt, je weiter wir in die Vergangenheit zurückgehen. Dies soll kein Versuch werden, die Herkunft des sagenhaften Leprechaun zu klären. Ich möchte vielmehr hervorheben, wie wenig wir über jene Menschen wissen, die Irland in den ersten Jahrtausenden bewohnt haben, seit vor etwa 10 000 Jahren die Besiedelung der Insel begann. Sie müssen robust gewesen sein, sich mit den Kräften der Natur gemessen, Flüsse stromaufwärts nach Fischen durchstreift und den urzeitlichen Wald erkundet haben, immer auf der Suche nach Nahrhaftem in dem dichten Buschwerk, das sich nach dem Zurückweichen der Gletscher vor etwa 20 000 bis 15 000 Jahren hier ausgebreitet hatte.

Links: Die märchenhafte Silhouette des vor 25 Jahren restaurierten Doonagore Castle bei Doolin, County Clare.

Rechts: Detail des Gleninsheen Gorget, Halsberge oder Schmuckstück aus Gleninsheen, County Clare, ein Meisterwerk der irischen Goldschmiedekunst aus der Zeit um 700 v. Chr. Es wird, wie die anderen hier vorgestellten Kunstgegenstände, im National Museum of Ireland in Dublin verwahrt.

Ganz rechts: Das Goldboot von Broighter, County Derry, wahrscheinlich Opfergabe an eine keltische Meeresgottheit im letzten Jahrhundert vor Christi Geburt.

Die Notwendigkeit der Nahrungssuche brachte es mit sich, daß sich diesen nichtseßhaften Menschen nur wenig Gelegenheit bot, in der irischen Landschaft bleibende Spuren zu hinterlassen.

Erst als sich vor gut 5000 Jahren eine neue Gesellschaft von Ackerbauern in Irland herausgebildet und genug Wohlstand erworben hatte, um große steinerne Grabmäler zu errichten, waren Zeit und Fertigkeiten so weit gereift, daß sich das Handwerk in Irland entwickeln konnte, eine Tradition, die – wenn auch mit Unterbrechungen – bis heute lebendig ist. Die ersten Zeugnisse dieser Handwerkskunst sind weitgehend in Stein erhalten, in den behauenen Blöcken der Ganggräber von Newgrange und Knowth. Spiralen, Rauten, Zackenlinien und andere in den Stein gemeißelte Motive entstanden vermutlich nach Mustern, die die Steinmetzen von vergänglicheren Vorlagen abnahmen – darunter Holz und Leder, vielleicht auch Webwaren, die möglicherweise in den Häusern der Lebenden die Wände zierten und für die Häuser der Toten in Stein nachgebildet wurden. Es spricht für diese namenlosen Handwerker, daß ihr Wirken bereits um 3000 v. Chr. einsetzte – also etwa zur Zeit des Aufstiegs einer der frühesten Hochkulturen der Welt im Ägypten der Pharaonen –, und damit Irland zu einem der ersten Länder Europas machte, in denen handwerkliche Kunstfertigkeit eine wichtige Rolle spielte. Diese unbekannten Männer und Frauen zeigten einen Hang zu geometrischen Formen (statt naturgetreuer Darstellungen des Menschen), die die irische Kunst noch jahrtausendelang prägen sollten. In der Bronzezeit (ca. 2000 bis 500 v. Chr.) boten die nunmehr verfügbaren, beträchtlichen Mengen an Gold die Möglichkeit, größere Flächen mit linearen Ornamenten wie schraffierten Dreiekken, Zackenlinien und konzentrischen Kreisen zu schmücken. Anfangs war Gold jedoch noch knapp und wurde in hauchdünnen Lagen verarbeitet, eine Herausforderung für den Metallschmied, der die Linien nicht zu tief einritzen

durfte. Später, im letzten vorchristlichen Jahrhundert, war Gold viel leichter verfügbar, und neue Techniken entwickelten sich. Manche Stücke aus jener Zeit sind so aufwendig und fein gearbeitet, daß Juweliere sie heute nur mit großer Mühe nachahmen könnten.

Gold muß das Irland der Spätbronzezeit zu einem wahren Dorado gemacht haben, und die Bestände an prähistorischen Goldschmiedearbeiten des National Museum in Dublin suchen in Westeuropa ihresgleichen. Doch um 300 v. Chr., bei Ankunft der keltischen Kunsthandwerker, die Objekte aus Metall und Stein im lebendigen La-Tène-Stil der kontinentaleuropäischen Kelten mit geschwungenen Linien verzierten, waren die Goldvorkommen aus den irischen Flüssen nahezu erschöpft. Gleichwohl entstanden noch Meisterstücke wie der Halsreif von Broighter im County Derry oder ein wunderschönes goldenes Modellboot mit Rudern und Mast, wahrscheinlich als

Oben: Das Evangelistensymbol des Adlers aus dem um 700 entstandenen *Book of Durrow*, heute verwahrt in der Bibliothek des Trinity College, Dublin.

Oben rechts: Bronzene Kreuzigungstafel aus der Kirche St. John's bei Athlone aus dem 8. oder 9. Jahrhundert, von Gläubigen wohl am Karfreitag verehrt.

Unten rechts: Der Krummstab von Lismore aus bronzeverkleidetem Holz, Goldfolie und Millefioriglas, gefertigt für den 1113 verstorbenen Bischof von Limore, Nial Mac Meic Aeducian.

Votivopfer für den keltischen Meeresgott Manannán Mac Lir dicht am Ufer abgelegt, das mit seiner Datierung aus dem letzten Jahrhundert vor Christi Geburt zugleich das früheste erhaltene Indiz für den Einsatz von Segeln in irischen oder britischen Gewässern darstellt.

Boote müssen für die Bevölkerung der Insel in den vergangenen 5000 Jahren wichtig gewesen sein, brachten sie doch Menschen mit neuen künstlerischen Ideen. Es läßt sich feststellen, daß die irische Handwerkskunst immer dann einen Höhepunkt erreichte, wenn das Land mit anderen Gebieten entlang der europäischen Atlantikküste in enger Verbindung stand. In den ersten vier Jahrhunderten unserer Zeitrechnung unterhielt das Römische Reich in Britannien eine eigene Flotte, die es den Iren sicher erschwerte, ihre Kontakte aufrechtzuerhalten. Dennoch war es ein Boot, das im 5. Jahrhundert St. Patrick als Sklaven aus dem römischen Britannien nach Irland brachte. Mit der Ausbreitung des Christentums und seiner Schriftkultur kamen völlig neue Anregungen über die irische See.

Die Klöster, die innerhalb eines Jahrhunderts nach dem Tod von St. Patrick im ganzen Land entstanden waren, verhalfen Irland zu einer Blütezeit der Künste. Zwischen dem 6. und 12. Jahrhundert förderten sie nicht nur die Kenntnisse der lateinischen Sprache und Literatur, sondern auch der Handwerkskunst, die im 8. Jahrhundert ihren Höhepunkt erreichte und deren Erzeugnisse damals in ganz Europa unübertroffen waren. Nach den erhaltenen Stücken zu urteilen, setzte die Blüte um 600 mit Metallarbeiten ein, in denen die prähistorischen, geschwungenen Muster der Kelten lebendig blieben und zugleich mit neuem Sinn erfüllt wurden. Mit später hinzukommenden Flecht- und Tierornamenten bildeten sie ein Standardrepertoire an Motiven, das in der irischen Kunst des goldenen Zeitalters unzählige Variationen erfuhr. Um 800 verbanden sie sich im *Book of Kells* zu höchster Meisterschaft, doch schon ein Jahrhundert zuvor hatten sie im *Book of Durrow* eine bedeutende Rolle gespielt. Beide Handschriften werden heute in der Bibliothek des Trinity College ausgestellt. In den Evangelistensymbolen wie etwa dem Adler zeigt das *Book of Durrow* Einflüsse der Metallschmiede- und der Emailkunst. Wir dürfen also annehmen, daß sich das Skriptorium in unmittelbarer Nähe der Metallschmiede befand, so daß wechselseitige Entlehnungen möglich waren.

Die Schatzkammer des National Museum of Ireland in Dublin birgt zahlreiche herrliche Beispiele für Metallarbeiten, die Zeit und Zerstörungen besser widerstanden haben als Manuskripte. Viele Stücke – wie die Kreuzigungstafel von St. John – waren für den kirchlichen Gebrauch bestimmt und spiegeln somit den künstlerischen Geist wider, der in den alten irischen Klöstern herrschte. Zum Kostbarsten gehört der 1868 in Ardagh, County Limerick, gefundene Kelch. In ihm vereinen sich Silber, Goldfiligran, Email und Glas zu prächtigem, doch keineswegs protzigem Ausdruck. Ein Charakteristikum der großen Kunstwerke aus der Zeit um 800 ist die Feinheit der Muster, die noch in mehrfacher Vergrößerung von perfekter Ausführung zeugen.

Die Ankunft der Wikinger im 9. Jahrhundert hat die Produktivität der Klöster zweifellos stark beeinträchtigt. Die geringere Qualität von Handschriften und Metallarbeiten nach 800 ist sicher zu einem nicht unwesentlichen Teil darauf zurückzuführen. Andererseits mag die Tatsache, daß Beutestücke von Wikingern in deren skandinavische Heimat verschleppt wurden, zur Entstehung der weniger beweglichen, monumentalen Hochkreuze beigetragen haben, die Kopien vieler Ornamente von Metallarbeiten aufweisen. Diese wechseln mit skulpturalen Darstellungen zu biblischen Geschichten, wobei – ungewöhnlich für Irland – die Menschengestalten naturalistisch

gearbeitet sind, was einen Ursprung außerhalb Irlands, vielleicht sogar im fernen Rom, vermuten läßt.

Zu Beginn des zweiten nachchristlichen Jahrtausends schwang sich die Kunst der Metallbearbeitung in Irland zu einer neuen Blüte auf. Sie ist vor allem an den Reliquienschreinen irischer Heiliger ablesbar, die in den alten Klöstern die Pilger anzogen. Als typisches und besonders fein gearbeitetes Beispiel gilt der Krummstab-Schrein aus dem Jahre 1100, der 1814 in den Mauern von Lismore Castle, County Waterford, entdeckt wurde. Darauf finden sich Tierschmuck und Emailmotive früherer Jahrhunderte, die jedoch zeitgemäß interpretiert sind. Im 12. Jahrhundert kamen erneut irische Steinmetzen zu Ehren, die die Rundbogenportale romanischer Kirchen mit grotesk anmutenden Tieren und menschlichen Gesichtern verzierten, wie zum Beispiel am Eingang zur Grabstätte von St. Brendan, dem Seefahrer, in Clonfort, County Galway. Das Portal aus dem Jahr 1200 n. Chr. ist zugleich letzter Höhepunkt wie Abgesang der skulpturalen Kunst in den alten irischen Klöstern, denn der Aufstieg des Zisterzienserordens im 12. Jahrhundert mit seiner eher strengen und schmucklosen Architektur traf die bestehenden Klöster in ihrem Lebensnerv. Ihr Niedergang bedeutete das Ende einer eigenständigen irischen Kunst, die in sechs Jahrhunderten einen unverwechselbaren Stil entwickelt hatte. Bis in die Zeit der Reformation und sogar noch später gibt es einzelne Metallarbeiten, die dem früheren Niveau nahekommen, insgesamt aber war die irische Kunst vom 13. bis zum 16. Jahrhundert nur mehr ein Abglanz der Kunst und Architektur auf dem Kontinent und der anglonormannischen Eroberer Irlands.

Das 17. Jahrhundert war von Kriegen so zerrissen, daß für künstlerische Produktion nur ein geringer Spielraum blieb, und das Wenige, was entstand, war kaum mehr als Volkskunst, so eindrucksvoll es auch sein mag. Mit der sogenannten Ascendancy, einer Schicht wohlhabender Landadeliger weitgehend englischer Herkunft, kam im 18. Jahrhundert auch eine neue, klassisch inspirierte Stilrichtung auf. Die Handwerkskunst, die so viele Jahrhunderte brach gelegen hatte, erwachte zu neuem Leben, und irische Handwerker und Bildhauer schufen auf vielen Gebieten wunderbare Werke. Diese Renaissance fand zuerst in einer Art palladianischer Architektur ihren Ausdruck. Dabei brachten ausländische und irische Stukkateure entzückenden Rokokostuck von Hand auf wie zum Beispiel um 1740 beim Russborough House, County Wicklow. Noch im selben Jahrhundert entwickelte sich ein klassizistischer Stil mit Girlanden und anderen symmetrischen Blumenmotiven griechischen und römischen Ursprungs im Adam-Style, zu sehen beispielsweise im Lucan House bei Dublin. Die exquisit ausgestatteten Räume dieser Häuser wurden mit dem besten irischen Mobiliar eingerichtet, darunter Tische mit irischem Porzellan, Waterford- und Dublinglas sowie Tafelsilber von einer Eleganz, die selbst 200 Jahre später zu begeistern vermag. Die damals wiederbelebte Tradition wird in leicht modifizierter Form auch heute noch fortgeführt. Zahlreiche Anklänge an die altirische Kunst von der Steinzeit bis in die georgianische Zeit bereichern eine in ganz Irland lebendige und vielfältige Handwerkskunst.

Oben links: Das Wedgewood-Blau der Wand betont den klassizistischen Stuck im Adam-Style in einem Zeichensaal des in den 70er Jahren des 18. Jahrhunderts erbauten Lucan House. Der ebenso elegante ovale Speisesaal soll für das Oval Office des Weißen Hauses in Washington D.C. als Vorbild gedient haben.

Oben rechts: Russborough House im County Wicklow, entworfen von Richard Castle, zählt zu den schönsten Häusern Irlands. 1741 erbaut, übertrifft es alle anderen palladianischen Häuser in Irland im Hinblick auf seine Architektur, seine phantastische Lage und sein elegantes, vollständig erhaltenes Interieur.

Links: Eine silberne Sauciere mit Rokokodekor, geschaffen 1747 von Thomas Walker aus Dublin. Die Figur am Henkel stellt den Meeresgott Triton dar.

I Antike Stätten

Nur eine archäologische Zufallsentdeckung könnte sie zutage fördern, die Siedlungen der ersten irischen Bauern – Hütten, hauptsächlich aus Holz und Stroh, düster, raucherfüllt und ohne die leiseste Andeutung heutigen Komforts. In strengem Kontrast zu diesen Wohnstätten stehen die frühesten erhaltenen Häuser der Toten: beeindruckende Steinhügel, unter denen die sterblichen Hüllen der Ahnen ruhten und als Überreste derer verehrt werden konnten, die das Land urbar gemacht und den Nachkommen erhalten hatten.

Es sind Megalithgräber – oberirdische Grabstätten aus großen, zuweilen massiven Steinen, die Bände sprechen über das große Geschick der Steinzeitmenschen im Umgang mit ihren primitiven Werkzeugen. Man kann nur staunen, wie Deckelsteine von 20 oder 30 Tonnen Gewicht offenbar mit größter Leichtigkeit an Ort und Stelle gehievt wurden und ihre Position mit der Anmut einer Ballerina über Jahrtausende beibehielten. Sie wurden errichtet, um bei den Zeitgenossen Ehrfurcht zu erwecken, und noch heute verlangen sie uns Bewunderung und Achtung ab.

Diese Steingräber kommen in unterschiedlicher Gestalt und Größe vor. Am bekanntesten sind die Ganggräber, so benannt nach dem Gang, der vom Grabeingang zur zentralen Grabkammer unter einem großen, halbrunden Hügel führt, aufgeschüttet zumeist an exponierter Stelle auf einer Erhebung, wo er in weitem Umkreis sichtbar war. Den Gang und das in etwa zentral gelegene Grab haben sie im Prinzip mit den wesentlich bekannteren Pyramiden in Ägypten, den Grabmälern der Pharaonen, gemein, unterscheiden sich von diesen aber in wesentlichen Details wie etwa der Hügelform, Mehrfachbestattung, Datierung und Ausgestaltung. Es mag überraschen, daß die irischen Ganggräber teilweise mehr als ein halbes Jahrtausend älter sind als die Pyramiden und daher einzelne Exemplare wie Newgrange oder Knowth zu den ältesten architektonischen Meisterleistungen der Welt gehören. Errichtet wurden sie von genialen Steinmetzen und Handwerkern, die sich auf den Umgang mit Stein und die Anlage massiver Hügel verstanden, wobei Hunderttausende Tonnen Material einen sorgfältig geplanten Gang samt Grabkammer bedeckten. Ganze Armeen von Schwerstarbeitern müssen dazu erforderlich gewesen sein.

Irische Ganggräber hatten keine Sphinx davor, die Wache hielt, dafür aber ebenso rätselhafte Ornamente aus runden und eckigen Motiven, mit denen der Stein vor der Aufstellung behauen wurde – Doppel- und Dreifachspiralen, Rauten, gezackte Linien, gewöhnlich abstrakt und vielleicht Holz- oder Wandteppichmustern aus den Häusern der Lebenden entnommen. Hier wurden sie nun in Stein gehauen, damit sich die Toten auf ewig zu Hause fühlen sollten. Ganz selten entdeckt man ein stilisiertes menschliches Gesicht, das wie der Komtur in Mozarts Don Giovanni zu Leben erwacht, uns über die Jahrhunderte hinweg jedoch einen freundlicheren, prüfenden Blick zuwirft. Was gäben wir nicht darum, wenn diese stummen, herrlichen Gestalten sprechen könnten! Zuweilen erinnern die Spiralornamente an Malta und Mykene, dessen berühmtestes Grab, das sogenannte Schatzhaus des Atreus, eine vervollkommnete und äußerst fein gemeißelte Spielart der wesentlich gröberen und primitiveren Ganggräber wie Newgrange darstellt – das aber eben auch mehr als ein Jahrtausend jünger ist.

Einfacher gestaltet wirken die Dolmen, Monumente, die auf den ersten Blick zu erfassen sind und den Betrachter unmittelbar ansprechen: Bis zu sieben Steine ragen steil in den Himmel und tragen einen oder zwei Decksteine, Ensembles, die in ihrer Wirkung den besten modernen abstrakten Skulpturen in nichts nachstehen. Einige waren vielleicht ursprünglich von Erdhügeln bedeckt, andere wohl nicht. Hier standen die Steine in ihrer monumentalen Aussage für sich.

Stünden wir heute vor der Aufgabe, ohne Flaschenzug oder Kran einen Dolmen zu bauen, gewännen wir wahrscheinlich rasch den Eindruck, daß nur Riesen diese hühnenhaften Monumente errichtet haben können. Und das waren die Baumeister wohl auch, was ihre Fertigkeiten anbelangt – die Steinzeitversion moderner Raketenbauer. Von der Statur her dürften sie aber eher klein gewesen sein, weniger gut genährt als wir und entsprechend weniger hochgewachsen. Diese robusten Menschen sind die Vorfahren der Iren. Durch weitere Forschungen zur DNA-Analyse könnte sich sehr wohl erweisen, daß ihr Beitrag zum irischen Genpool nicht unerheblich ist. Warten wir's ab.

In welcher Sprache die steinzeitlichen Bewohner Irlands sich verständigten, werden wir nie erfahren. Es gilt als unwahrscheinlich, daß ihr Idiom mit jenem gälischen Zweig des Keltischen verwandt ist, der zur Zeit St. Patricks und der Christianisierung im 5. Jahrhundert gepflegt wurde. Aber es wäre denkbar, daß in der Bronzezeit, die um 2000 v. Chr. auf die Steinzeit folgte, Menschen ins Land kamen – sicher in vergleichsweise kleinen Gruppen –, aus deren Sprache sich dann das Gälische entwickelte, das sich bis heute in einzelnen Landesteilen erhalten hat. Sie gehörten zu dem Volk der Kelten, bei den Griechen *Keltoi* genannt, das vor Ankunft der Römer über halb Europa verbreitet war. Die Frage, inwieweit die aus der Bronzezeit in Irland erhaltenen Stätten als keltisch bezeichnet werden können, ist nicht leicht zu beantworten. Mit Sicherheit betrieben die Menschen dieser Epoche weniger Prunk um den Tod als ihre steinzeitlichen Vorfahren – sie begruben ihre Toten unter der Erde und hinterließen dabei außer einem kleinen runden Erdhügel kaum Spuren.

Zu den Spuren jedoch, die sich über der Erde erhalten haben, gehören Steinkreise, von denen viele eindeutig aus der Bronzezeit datieren. Einzeln, zuweilen auch in Gruppen entdeckt (wie bei Beaghmore im County Tyrone), sind uns diese Kreise auch heute noch ein Rätsel. Anders als bei den Megalithgräbern ist zu Entstehung und Nutzung der Steinkreise nur wenig überliefert. Im puritanischen 17. Jahrhundert erklärte man einige Fundstätten mit einem einzelnen, aufrecht stehenden Stein außerhalb des Kreises zu einer Gruppe von Tänzern, die samt ihrem Flötisten, der ihnen außerhalb des Kreises aufgespielt hatte, in Stein verwandelt worden waren. Und warum? Weil sie es gewagt hatten, am heiligen Sabbat zu tanzen und ausgelassen zu sein. Wer weiß, vielleicht dienten die Kreise einst wirklich als Festplätze, ihre Form läßt jedoch eher vermuten, daß sie Stätten zur Anbetung der Sonne waren – jener Gottheit, die wohl auch die Erbauer der Ganggräber in Newgrange und anderswo verehrten. Mit gutem Grund wird vermutet, daß diese Steinkreise primitive Observatorien zur Beobachtung der Himmelskörper und ihrer Bewegungen darstellten. Solche Theorien zur Vorgeschichte lassen sich zwar nur schwer beweisen, doch ebenso schwer ist es, sie zu widerlegen.

Die Kulturdenkmäler, die sich aus den letzten 1000 Jahren vor Christi Geburt erhalten haben, sind deutlich anderer Art – ebenso rätselhaft vielleicht, aber wehrhafter, bedrohlicher. Sie zeigen eine neue Art von militärischer und religiöser Machtentfaltung, die auch die notfalls gewaltsame Unterwerfung friedliebender Hirtenvölker zum Ziel haben konnte. Symptomatisch dafür steht das Auftauchen des Hillforts, eines großen, nur mit einer schlagkräftigen Armee zu verteidigenden Walls unterhalb einer Bergkuppe, wo möglicherweise jährliche Stammestreffen stattgefunden haben. Ein Ort wie Dun Aengus auf den Araninseln wirkt dagegen noch wehrhafter: auf der einen Seite durch zum Atlantik hin steil abfallende Klippen und auf der anderen durch mehrere

wuchtige Wälle. Bedauerlicherweise ist über seine Geschichte nur wenig bekannt, aber viele andere große Hillforts aus aufgeschütteter Erde und Mauerwerk waren noch mindestens bis in die Anfänge der irischen Geschichte zur Zeit von St. Patrick wichtige Kultplätze. Navan Fort bei Armagh gehört dazu, vor mehr als 2000 Jahren Heimat des Stammes der Ulaid mit dem legendären König Conor Mac Nessa, den der jugendliche Held Cú Chulainn beschützt, und Stätte beeindruckender religiöser Opferrituale. Die Wiege der Macht von Ulster war nachweislich sieben Jahrhunderte lang bewohnt. Sogar noch begehrter war Tara im County Meath, das selbst nachdem es im 6. Jahrhundert aufgegeben worden war, als symbolischer Sitz der High Kings (Großkönige) von Irland bedeutend blieb. Einer der Clans, der – zuweilen beinahe erfolgreich – Anspruch auf diesen Titel erhob, war die Dynastie der Ui Néil (heute O' Neill), eine Adelsfamilie, deren verschiedene Zweige in der Nordhälfte Irlands fünf Jahrhunderte hindurch um die Vorherrschaft kämpften. Einer ihrer bedeutendsten Sitze – der Graianán of Aileach – bietet einen herrlichen Blick über die Mündungslandschaften der Flüsse Foyle und Swilly.

Das Wenige, was wir aus der Frühgeschichte dieser Stätten wissen, läßt vermuten, daß eine Priesterklasse – die Druiden – Religion und Politik miteinander verflocht und wahrscheinlich rituell eng verbunden war mit den Kräften der Natur, Quellen etwa, die später als Heilige Brunnen christlich umgedeutet wurden. Eine wichtige Rolle bei den Ritualen könnten gemeißelte

Steine gespielt haben, im Falle des Stone of Destiny (Schicksalsstein) von Tara eindeutig phallischer Form, doch sei es jedem selbst überlassen, die Verzierungen auf Steinen wie dem von Castlerange zu, deuten.

Die heidnischen Götter, wie sie der berühmte irische Epiker Sir Samuel Ferguson so lebendig beschrieben hat, waren wahrscheinlich recht harmlose Gottheiten, eher geliebt als gefürchtet, und das mag auch der Grund gewesen sein, warum es St. Patrick gelang, sie so unblutig durch seinen christlichen Gott der Liebe und Gnade zu ersetzen. Mit den Evangelien brachte St. Patrick auch die Schrift. Bis dahin gab es in Irland nur ein einfaches Alphabet aus seltsam anmutenden Zeichen, Ogham genannt. Die Buchstaben bestanden aus ein bis fünf Kerben – auf, neben oder schräg über einer Mittellinie, die für gewöhnlich durch die senkrechte Kante eines stehenden Steins dargestellt war. Auf diese Weise wurden Inschriften zum Gedenken an einzelne Personen und deren Vorfahren in Stein gemeißelt, um ihre Wurzeln sicher festzuhalten, auch wenn wir heute aus den vielen hundert erhaltenen Ogham-Inschriften kaum noch eine historisch bedeutende Persönlichkeit identifizieren können.

Aber die Einführung christlichen Schrifttums bot in Gestalt des lateinischen Alphabets einen einfacheren Ersatz. Die Iren nahmen ihn freudig auf und erlernten die Sprache, die ihnen den Zugang zu der viel größeren Welt der lateinischen Kultur eröffnete, der ihnen bis dahin verschlossen gewesen war, weil Irland nie zum Römischen Reich gehört hatte. Aber noch die Ruinen eben jenes Römischen Reiches nährten bei den Iren die Liebe zur lateinischen Sprache und Literatur. Ihnen ist es vor allem zu verdanken, daß dieses Erbe über die Höfe der karolingischen Fürsten auf das europäische Festland zurückkehrte, was John Henry Kardinal Newman zu dem geflügelten Wort veranlaßte: »Irland war die Lagerhalle der Vergangenheit und das Geburtshaus der Zukunft« – einer Zukunft, die die Kultur des mittelalterlichen Europa und damit die Wiege unserer modernen Zivilisation bedeutete.

Gegenüber und rechts: Newgrange am Boyne, etwa acht Kilometer von Drogheda flußaufwärts, ist weit über Irland hinaus bekannt, seit man entdeckt hat, daß zur Wintersonnenwende am 21. Dezember die aufgehende Sonne in die dunkelsten Winkel des Ganggrabes scheint. Dieses Ereignis muß die gesamte Anlage des Grabes bestimmt haben, denn dessen Erbauer schufen über der Zugangspforte hinter dem schön dekorierten Eingangsstein eine eigene Öffnung, durch die die Sonnenstrahlen genau im richtigen Winkel in den leicht ansteigenden Gang fallen konnten, um die Grabkammer zu erleuchten. Welch ein Augenblick, als die führenden Mitglieder der Gemeinschaft bei der »Eröffnungszeremonie« vor 5000 Jahren die Grabkammer betraten und beobachten konnten, wie die Sonne, als bleistiftdünner Strahl den Gang durchmessend, wie durch Zauberhand die Dunkelheit durchbrach, um sie dann, so lautlos wie sie nur 17 Minuten zuvor gekommen war, wieder ins urzeitliche Dunkel zu entlassen! Für die Lebenden eher denn für die Toten muß dies ein Sinnbild gewesen sein, daß – durchaus im heutigen Sprachsinn – Licht am Ende des Tunnels ist und nach dem Tod ein neuer Anfang wartet, wie die Natur nach dem kürzesten Tag des Jahres zu neuem Leben erwacht – sicher eines der ältesten und beredsten Zeugnisse des Glaubens an ein Leben nach dem Tod. In diesem Tunnel erleuchtete die Sonne nicht nur die zentrale Grabkammer selbst, sondern auch die drei von ihr abzweigenden Nischen, deren eine mit einer (sicher ebenso symbolträchtigen) Dreifachspirale (*gegenüber*) und eine weitere mit einem Steinbecken am Boden nebst einem reich dekorierten Schlußstein versehen ist.

Knowth, Dowth und Newgrange prägen als Dreiergruppe von Ganggräbern einen nördlich des Boyne von Ost nach West verlaufenden Hügelkamm und damit seit ihrer Erbauung etwa 3000 Jahre vor Christus ein Stück geweihter Landschaft. Knowth erregte weltweit Aufmerksamkeit, als sich 1967 bzw. 1968 herausstellte, daß sich quasi Rücken an Rücken unter dem ausgedehnten Hügel gleich zwei große Gräber befinden. Wegen seiner reichverzierten Randsteine als äußere Begrenzung gilt Knowth als üppigste Schatzkammer für Steinzeitschnitzereien in ganz Europa. (*Oben:*) Ein Randstein beim Eingang zu dem östlich gelegenen Grab weist neben Spiralen ein Muster auf, das stark einer modernen Sonnenuhr ähnelt, einschließlich des kleinen Loches für den Gnomon. Ob es diesem Zweck je gedient hat, werden wir jedoch nie erfahren. (*Links:*) In der östlichen Grabkammer wurde eines der erstaunlichsten Stücke der Ganggräberkunst gefunden – der kunstvoll modellierte Kopf eines Amtsstabes, dessen eine Seite in Gestalt eines menschlichen Schädels behauen ist. Der weit geöffnete Mund faßte wohl einst den hölzernen Griff. Die Spiralform der Augen ist eine Vorbotin ähnlicher Muster, die fast 3000 Jahre später in der keltischen Kunst auftauchen. (*Ganz links:*) Stilisierte menschliche Gesichter kommen in der Ganggräberkunst hin und wieder vor. Ein typisches Stück findet man in Knowth: Durch zwei eulenhafte Augen über ineinander verschachtelten Rechtecken entsteht der Eindruck eines stilisierten Lächelns oder eines zum Schrei weitgeöffneten Mundes, der an Edvard Munchs berühmten Holzschnitt erinnert.

Gegenüber: Der Dolmen Poulnabrone, »das Sorgenloch«, steht inmitten Irlands mondähnlich karger Kalksteinlandschaft des Burren im Norden des County Clare. Dort heben sich seine klaren Umrisse vom Horizont ab, seit es um 3800 bis 3200 v. Chr. als Grabstätte für 16 Erwachsene und Kinder errichtet wurde.

Dolmen gehören zu den frühesten und zugleich beeindruckendsten steinzeitlichen Megalithgräbern in Irland. In vieler Hinsicht bereichern sie die Landschaft, in der sie stehen, zuweilen an so malerischen Orten wie Gortnavern, County Donegal (*unten*), wo der Dolmen wie ein treuer Gefährte am Fluß Burnside wacht und Ausschau hält über den fernen Atlantik, der an die Ufer von Mulroy Bay schlägt. Wie so oft erzählt sich auch hier der Volksmund, der Dolmen sei das Bett von Diarmaid und Grainne, die vor dem Zorn des alternden Kriegers flüchteten, mit dem Grainne gegen ihren Willen vermählt worden war. Der Sage nach hieß Grainne ihren jungen Geliebten fortan jede Nacht ein neues Brautbett (die Dolmen) bauen. Der Krieger aber war niemand anderer als Fionn Mac Cumhail, einst ein großer Held, der Diarmaid schließlich fing und ihn bei Benbulben Hill (*siehe Seite 87*) von einem Eber töten ließ. Heute überragt Benbulben das Grab von W. B. Yeats, der 1901 mit George Moore für das Irish Literary Theatre (dem Vorläufer der Abbey) nach dieser Sage ein Schauspiel schrieb. Angenehmeres offeriert der Proleek Dolmen (*rechts*) auf dem Gelände des Ballymascanlon Hotel nördlich von Dundalk. Einen Wunsch hat frei, so weiß die Legende, wer einen Stein so auf den Dolmen wirft, daß er oben liegen bleibt.

Zauberhaft ist die Landschaft bei West Cork mit ihren Feldern und sanften Hügeln, wo zu vorgeschichtlicher Zeit im Steinkreis bei Dromberg vielleicht der Sonne gehuldigt wurde, die hier so milde scheint. Bei Ausgrabungen in dem Kreis aus 17 Steinen fand man die verbrannten Knochen eines Jugendlichen aus der Zeit kurz vor Christi Geburt, der Kreis selbst dürfte etliche hundert, wenn nicht gar 1000 Jahre älter sein.

Seiten 26–27: Beim Torfstechen wurden in Beaghmore bei Cookstown im County Tyrone mehrere Steinkreise aus der Bronzezeit entdeckt. Einzeln nicht sonderlich bedeutend, bilden sie zusammen die größte Gruppe solcher Kreise in ganz Irland.

Links: Steile Klippen ersparten als natürliche Bollwerke in der Frühzeit Irlands manchen mühevoll errichteten Wall. Das beste Beispiel ist Dun Aengus auf den Araninseln von Inishmore in der Bucht von Galway, wo eine 60 Meter tief abfallende Klippe eine Anlage schützt, die zur Landseite hin von mehreren, grob halbkreisförmigen Wällen umgeben ist. Höchstwahrscheinlich wurden diese im letzten Jahrtausend vor Christi Geburt zu verschiedenen Zeiten errichtet, wobei die erste Besiedelung innerhalb der Einfriedung aus der Zeit um 800 v. Chr. datiert. Der Überlieferung nach war Aengus, dem das Dún oder Fort seinen Namen verdankt, Anführer des Stammes der Fir Bolg (wohl verwandt mit den von Cäsar eroberten Belgae), der aus dem östlichen Teil Irlands vertrieben wurde und so weit nach Westen zurückweichen mußte, bis er sich zuletzt auf dieser Klippe verschanzte.

Gegenüber: Navan Fort, drei Kilometer hinter Armagh, eine der heiligsten Stätten Irlands. Unter Conor Mac Nessa, König des Stammes der Ulaid, nach dem die heutige Provinz Ulster benannt ist, war das Fort Sitz der Ritter vom Roten Zweig. Seit etwa 700 v. Chr. bewohnt, entwickelte es sich mit der Errichtung eines großen »Totem«-Pfahls inmitten von vier konzentrischen Pfahlkreisen um 94 v. Chr. zu einem hochbedeutenden religiösen Zentrum. Später bedeckte man die Pfähle mit Steinen, entzündete sie in einem gigantischen rituellen Akt und schüttete danach einen Erdhügel über ihnen auf. Dieser wurde in den 1970er Jahren ausgegraben und in seiner heutigen Form wiederhergestellt. Der überraschendste Fund war der Schädel eines Berberaffen aus Afrika, wohl das Geschenk eines Gesandten für einen König, der etwa im 3. oder 2. Jahrhundert vor Christus von dieser Stätte aus regierte.

Gegenüber:

Harfe, die Tara einst besungen,
Die Hallen mit Musik beseelt,
Ist nun verstummt, ihr Ton verklungen,
Ihr Wohllaut ewiglich verweht.
So schläft der Stolz vergang'ner Zeit
Verblaßt sind Glanz und Ehr';
Herz, das schlug in edlem Streit,
Fühlt diesen Puls nicht mehr.

Thomas Moores Verse spiegeln den einstigen Glanz des symbolträchtigen Sitzes der High Kings von Irland. Durch ein steinzeitliches Ganggrab bereits ein geweihter Ort, entwickelte sich Tara in der Frühzeit der irischen Geschichte zum Machtzentrum der Priesterkönige. Der malerische Hügel mit Blick über die fruchtbaren Ebenen von Meath war von einer Mauer umgeben, die mehrere kreisförmige Erdwälle umschließt. Der Wall links auf dem Bild wird dem legendären König Cormac Mac Airt zugeschrieben. Der Streit der Geister, bei dem St. Patrick die Druiden von Tara besiegt haben soll, begünstigte die friedliche Christianisierung Irlands, und der Überlieferung nach war es der Fluch eines anderen Heiligen – Ruadhán von Lorrha –, der schließlich dazu führte, daß der Hügel 100 Jahre später als königliche Residenz aufgegeben wurde. Doch auch verlassen symbolisierte Tara noch viele Jahrhunderte lang das irische Großkönigtum – ein Ideal, vielfach erstrebt, doch selten erreicht. Ja, sein sagenhafter Ruf blieb bis ins 19. Jahrhundert erhalten, als Thomas Moore seine Ballade schrieb und Daniel O'Connell auf diesem Hügel eine halbe Million Menschen zu einer Kundgebung für Irlands Unabhängigkeit versammelte.

Rechts: Der Grianán von Aileach ist ein imposantes Ringfort auf einem 250 Meter hohen Hügel über den alluvialen Ebenen des Lough Swilly im County Donegal. Der Name bedeutet »Sonnenort von Aileach«, ein altes Königreich etwa auf dem Gebiet des heutigen County Donegal. Das Fort war Herrschaftssitz eines Zweiges der Uí-Néill-Dynastie. Unbekannt ist, ob es 1101 bei der Eroberung durch einen O'Brien, König von Munster, bereits verlassen war und nur noch symbolische Bedeutung hatte. Es heißt, der König befahl jedem seiner Soldaten, einen Stein vom Fort mitzunehmen. Allzu groß war die Armee wohl kaum, denn Bischof Barnard von Derry konnte es mit den verbliebenen Steinen im 19. Jahrhundert in seiner heutigen Form rekonstruieren.

Rechts: Der Stein bei Castlerange im County Roscommon ist kein versteinertes Drontenei, sondern einer von nur fünf abgerundeten Felsbrocken in ganz Irland, die im La-Tène-Stil der Kelten aufwendig verziert sind und aus den letzten Jahrhunderten vor Christi Geburt stammen. Seine Bedeutung ist unbekannt, man kann nur vermuten, daß er im heidnischen Irland bei religiösen Ritualen eine wichtige symbolische Funktion besaß.

Unten: Der Ogham-Stein bei Dunmore Head am Ende der Halbinsel Dingle, nicht weit von Dunquin, für die Iren »das letze Dorf vor Amerika«, liegt in einem Landstrich, dessen Idiom zum schönsten Gälisch gehört, das heute noch gesprochen wird. Unmittelbar vor der Küste liegen die Blasketinseln, wo in der ersten Hälfte dieses Jahrhunderts gälische Literatur eine enorme Blüte erlebte. Die in der Zeit vom 4. bis 8. Jahrhundert weit verbreiteten Ogham-Steine sind die ältesten erhaltenen Beispiele für diese Sprache. Die Inschriften, die sich aus Einkerbungen in die senkrechten Kanten zusammensetzen, erinnern an einzelne Personen und deren Ahnen. Auf dem hier abgebildeten Stein (mit sichtbaren Kerben oben links) ist ein historisch nicht näher bestimmbarer Erc verewigt, wohl der Besitzer des befestigten Felsvorsprungs, auf dem der Stein steht.

Gegenüber: Dem Grianán von Aileach im Stil ähnlich, wenn auch in historischen Quellen nie erwähnt, ist Staigue Fort, das in einem zauberhaft schönen Tal auf der Halbinsel Iveragh liegt (besser bekannt als »The Ring of Kerry«) – mit Blick auf einen Meeresarm des Atlantik.

Gegenüber: In Irlands Frühzeit nutzte man Felsvorsprünge als Befestigung zum Meer hin. Bei steil abfallenden Felsen nach drei Richtungen mußte nur die Landseite verteidigt werden. Auf der Felszunge bei Dunberg auf der Halbinsel Dingle schützen eine Steinmauer und drei Erdwälle ein einzelnes Steinhaus. Mauer und Wälle könnten aus prähistorischer Zeit datieren, das Haus selbst aber entstand sicher nicht vor dem 10. Jahrhundert v. Chr. Wie so oft bei Irlands antiken Kulturdenkmälern, kennen wir leider auch in diesem Fall die Erbauer nicht.

Oben, links und rechts: Einer der großen Vorteile des felsigen Landes im Westen Irlands ist, daß sehr häufig Steinhäuser erbaut wurden, die sich als Kulturdenkmäler erhalten haben, im Gegensatz zu Holzbauten, die längst verfallen wären. Steinerne Gebäude wie Leacanabuaile auf dem Ring of Kerry als Fort zu bezeichnen, wäre vielleicht falsch, denn dem Ansturm einer Armee hätte es kaum länger als ein paar Minuten standgehalten. Es war wahrscheinlich eher ein Bauernhaus oder sogar eine Pilgerunterkunft. Das älteste Gebäude von Leacanabuaile ist das Rundhaus vor der rückwärtigen Mauer gegenüber dem Eingang. Das quadratische Haus in der Mitte wurde etwas später angefügt, vermutlich zwischen dem 6. und 8. Jahrhundert v. Chr.

II Klöster und Abteien

Das frühmittelalterliche Irland unterschied sich insofern stark vom übrigen Europa, als seine großen kirchlichen Zentren nicht Bistümer, sondern einzelne Klöster waren. Zwar zeigte sich die Kirche des St. Patrick ähnlich einer Diözese strukturiert, aber im 6. Jahrhundert, kaum 100 Jahre nach seinem Tod, erlebten die Klöster eine Blüte und überzogen innerhalb von kurzer Zeit das ganze Land mit ihren Gründungen. Den Boden dafür stifteten meist die Träger der örtlichen Macht (wofür deren Nachkommen gern die Abtswürde beanspruchten), und die Klöster entwickelten sich rasch zu Förderern von Kultur, Geschichtsschreibung und Kunst, was sie auch über weitere 600 Jahre lang bleiben sollten. Sie schufen die Atmosphäre, in der das *Book of Durrow* und das *Book of Kells*, die Kelche von Ardagh und Derrynaflan und so wichtige Sammlungen wie das *Lebor na hUidre* (oder *Book of the Dun Cow*) oder das *Book of Leinster* aus dem 12. Jahrhundert entstehen konnten, in denen viel altes irisches Volksgut erhalten ist.

Zu den ersten bedeutenden Äbten zählte Finnian von Clonard im County Meath. Sein Kloster wurde eine wahre »Schule der Heiligen«, die wiederum selbst auszogen und neue Klöster gründeten. Es waren Männer wie Ciarán von Clonmacnoise, Columban von Iona, Brendan von Clonfert (der große Seefahrer) und Ruadhán von Lorrha, der Tara verfluchte.

Der wichtigste unter diesen Äbten war wohl St. Columban d. Ä. (521–597), genannt Columcille, der erste irische Mönch, der sein Land freiwillig verließ, um auf seiner Pilgerreise das Wort Gottes zu verbreiten und Klöster zu gründen, wie z. B. das auf der Insel Iona in den Inneren Hebriden. Von dort trugen seine Mönche das Christentum ins nördliche Britannien. Das europäische Festland hingegen winkte anderen, St. Columban d. J. etwa, der mit Gründungen wie Luxeuil in Frankreich und Bobbio in Norditalien viel zur Verbreitung des klösterlichen Geistes beitrug. Er verfaßte eine äußerst strenge Klosterregel, nach der selbst kleinste Verfehlungen hart bestraft wurden. Manche nahmen sogar ein noch schwereres Los auf sich und wurden Eremiten, oft auf einer Insel im Meer oder in einem See, wo sie völlige Ruhe und Abgeschiedenheit fanden. Die Religiosität dieser Männer – und vermutlich auch Frauen, von denen aber nur allzu wenig bekannt ist – war dergestalt, daß sie mit ihrem Schöpfer durch die Liebe zur Natur, die sie umgab und ernährte und die Er erschaffen hatte, kommunizierten. Sie waren die ersten in Europa, die landessprachliche – also nicht lateinische – Poesie verfaßten. In Versform, oft nur als Marginalien am Rand von Handschriften erhalten, sind diese Gedichte wunderbare Anrufungen der Welt der Blumen und der Vögel wie etwa das folgende:

Mich beschatten grüne Zweige,
Die Amsel singt ihr lautes Lied;
Über meinen Tintenzeilen
Klingt mir der Vögel Melodie.

Der Kuckuck tönt mit klarem Ruf,
Graubraun sein Kleid, dem Blick verwehrt;
Lob sei Gott in seiner Güte,
Der Schreiben mir im Wald beschert.

Mit der Zeit nahmen einzelne Klöster eine herausragende Stellung ein: Armagh (ursprünglich ein Bistum), Kildare (St. Birgids Doppelkloster für Mönche und Nonnen) und Clonmacnoise, das seine Bedeutung aus der Lage an einem der Knotenpunkte Irlands und aus der Unterstützung durch die Könige der westlichen Provinz Connacht schöpfte, die dort auch beerdigt sind.

Aber Reichtum und Ruhm forderten ihren Tribut am religiösen Geist dieser Klöster – manche unter ihnen bekriegten sich sogar gegenseitig. Die Schlachtfelder waren mit Toten übersät, und eine lockere Moralauffassung schlich sich ein. Im 8. Jahrhundert gab es erste Reformbestrebungen, denen aber nur begrenzter Erfolg beschieden war. Zwar überstanden die Klöster in den folgenden 100 Jahren die Raubzüge der mordenden Wikinger aus dem Norden, paradoxerweise aber führte die Reformbewegung des 12. Jahrhunderts, an deren Spitze in Irland St. Malachy stand, der Bischof von Armagh, zu ihrem Verfall. Sie wurden durch neugegründete Zisterzienser- und Augustinerklöster mit strengeren Ordensregeln ersetzt.

Anhand der Ausgrabungsstätten kann man sich heute nur noch schwer vorstellen, wie diese Klöster ausgesehen haben mögen. Grabsteine stehen wild durcheinander, wo früher die kleinen, hölzernen Zellen der Mönche waren. Den Mittelpunkt bildete eine Holzkirche, meist von einem Erdwall umgeben, innerhalb dessen Schuldige wie Unschuldige Asyl fanden. Das Kloster in Nendrum, County Down, weist um den mittleren zwei weitere Wälle auf, was vermuten läßt, daß die Klöster mehrere ringförmige Einfriedungen hatten – einen um den

innersten Bezirk, der für die Kirche und die Mönche reserviert war, eine zweite um den Bereich für Handwerker, die nicht das Gelübde abgelegt hatten, und die dritte vielleicht um Gemüsegärten und bestellte Felder. Tatsächlich wuchsen die Klöster zu kleinen Städten, deren Bevölkerung – Laien und Weltliche – Handwerk und Ackerbau betrieb, aber auch die religiöse Lehre verbreitete. In den Skriptorien wurden Bücher kopiert, die Bibel gelesen und kommentiert, täglich wurden Psalmen gesungen, und das Wissen, das diese Klöster ansammelten, wurde an andere weitergegeben, auch über die Landesgrenzen hinweg. In Scharen kamen die Menschen aus England und Frankreich, um an dieser Bildung teilzuhaben, und Mönche fuhren auf das europäische Festland, wo sie als Lehrer und Exegeten sehr gesucht waren, wie der große Neuplatoniker Johannes Scotus Eriugena (»der in Irland geboren ist«), der den karolingischen Hof mit seinen Griechischkenntnissen verblüffte.

An den alten Klosterstätten gibt es heute kaum noch etwas, das uns, wenn auch nur im Geiste, in die Tage ihrer Gründerväter im 6. Jahrhundert zurückversetzen könnte, denn was wir heute dort in Gestalt alter Kulturdenkmäler finden – Kirchen, Rundtürme, Hochkreuze oder kreuzgeschmückte Gedenktafeln – ist selten älter als aus dem 9. Jahrhundert. Aber sie sind, jede auf ihre Art, bemerkenswerte Beiträge zur Kunst und Architektur des frühmittelalterlichen Europa, und wenn Kreuze und Türme auch nicht nur in Irland vorkommen, so sind doch zweifellos einige der schönsten hier zu finden.

Gegenüber, oben und unten: Kaum ein Ort macht Härte und Askese des frühen irischen Klosterlebens so deutlich wie Skellig Michael, 13 Kilometer vor der Südwestküste von Kerry. Es gibt zwei Skelliginseln: Die kleinere, eine Tölpelkolonie, ist hier auf allen Bildern zu sehen. Auf der größeren stehen auf einem Felsvorsprung, 170 Meter über dem Meer, die Überreste eines Klosters, geweiht, wie nicht anders zu erwarten, Michael, dem Erzengel und Schutzpatron hoch gelegener Orte. Eine steile Treppe (*unteres Bild*) führt zur terrassierten Klostereinfriedung, wo eine Säule mit eingemeißeltem Kreuz einem Mönch in seiner Kutte, von hinten betrachtet, unheimlich ähnlich sieht (*oberes Bild*). Der Kulturhistoriker Sir Kenneth Clark sah Skellig Michael als Refugium an der westlichen Peripherie Europas, in dem das Christentum überleben konnte, während der übrige Kontinent im 5. und 6. Jahrhundert von Barbarenhorden überrannt wurde. Aber bald wurde auch Skellig Michael von Wikingern heimgesucht – einer von ihnen, ein norwegischer König immerhin, ließ sich später von einem Eremiten der Insel taufen.

Unten: An den gefährlichen Hängen von Skellig Michael und entlang der steilen Treppe zum Meer legten die Mönche in mühevoller Arbeit Terrassen an, auf denen mindestens sieben steinerne Bienenkorbhütten (*unten*) und zwei kleine Oratorien standen, alle ohne Mörtel erbaut. Da in den irischen Annalen ein Abt von Skellig erwähnt wird, kann man davon ausgehen, daß es auf der Insel ein Kloster gab. Es fragt sich allerdings, ob eine Gemeinschaft den Winter in dieser Öde überstehen konnte, wo wenig mehr Nahrung verfügbar war als das Fleisch und die Eier der Tölpel, die auf der unbewohnbaren Nachbarinsel Little Skellig brüten. Vier Wikingerüberfälle in den Jahren 812 bis 839 deuten darauf hin, daß Skellig Michael ein lohnendes Ziel für Plünderungen darstellte. Vermutlich wurden in der Klostersiedlung wertvolle Reliquien verwahrt. Aber auch eine andere Nutzung der Bienenkorbhütten ist denkbar, nämlich als Herberge für Pilger, die zum Beten und zur Reliquienverehrung auf die Insel gekommen waren, nun aber länger als geplant verweilten und auf günstiges Wetter warteten, um zurück zum Festland zu fahren. Vieles deutet darauf hin, daß Skellig Michael zumindest im 17. Jahrhundert ein berühmter Wallfahrtsort war.

Oben: Das Oratorium Gallarus an der Spitze der Halbinsel Dingle im County Kerry ist das schönste einer Gruppe von etwa 20 Oratorien, die irgendwann zwischen 700 und 1200 v. Chr. entlang der irischen Westküste erbaut wurden. Seine Kragsteinbauweise ist den runden Bienenkorbhütten entlehnt, und das hervorragende mörtellose Mauerwerk von Gallarus sorgte dafür, daß seine Seitenwände nicht einstürzten wie bei so vielen anderen Oratorien. Die Form wird verglichen mit einem umgekehrten Boot oder einem Heuhaufen. Licht fällt nur durch die schräge Tür und ein kleines Rundkopffenster ein. Für Seamus Heaney, den irischen Literaturnobelpreisträger, ist Gallarus »ein Kern uralter Dunkelheit, ummauert mit meterdickem Stein«.

Rechts: Auf der kleinen Insel Saint MacDara vor der Küste von Connemara im County Galway findet jedes Jahr am 16. Juli zu Ehren des Heiligen ein Fest statt, zu dem die Menschen in Booten vom Festland kommen. Mittelpunkt der Feierlichkeiten ist ein wunderschönes Oratorium, erbaut aus für ein so kleines Gebäude sehr großen Steinen. Der steinerne Dachstuhl mit seinem Giebelüberstand und den Kreuzblumen (modernen Ersatzstücken) imitieren eine Holzkirche. Der große französische Zisterzienser des 12. Jahrhunderts, Bernard von Clairvaux, berichtete, daß die Iren zu seiner Zeit Holzkirchen bauten, 300 Jahre, nachdem in Irland Steinkirchen Einzug gehalten hatten, und wahrscheinlich hatte er recht, wenn er diese Sitte dem durch und durch konservativen Geist der irischen Baukultur zuschrieb. Sicher könnte die Kirche St. MacDara als Gebäude etwa aus der Zeit Bernards als altmodisch gelten. Sie war auch wesentlich kleiner als diejenigen, die der berühmte Zisterzienser kannte, aber Mauerwerk und schlichter Türsturz machen dieses Oratorium zu einem zeitlosen Werk, das der große amerikanische Fotograf Paul Caponigro als »Gebäude von ausgezeichneter Proportion« und »steinernen Archetyp« bezeichnete.

Gegenüber: Auf der flachen, langgestreckten Insel Inishmurray vor der Küste von Sligo sind überaus zahlreiche Spuren frühchristlichen Glaubens in Irland erhalten – Kirchen, kreuzgeschmückte Steinplatten auf vereinzelten Steinhaufen sowie eine bemerkenswerte ovale Einfriedung, umgeben von einer hohen Steinmauer, einem »caiseal«. Das Areal im Innern ist durch niedrige Quermauern in Abschnitte unterteilt. In einem steht ein kleines Oratorium mit Steindach, benannt nach dem Klostergründer Molaisse, dessen Statue aus dem 13. Jahrhundert erhalten ist, jedoch aus Sicherheitsgründen vor etwa 50 Jahren ins National Museum of Ireland verbracht wurde. Die Fülle an verzierten Steinen auf der Insel erklärt sich aus deren vermutlich einst großer Bedeutung als Wallfahrtsort, die anhielt, bis 1948 die letzten Einwohner die Insel verließen. Eines der Gebäude innerhalb der Einfriedung ist eine Bienenkorbhütte, ähnlich denen auf Skellig Michael, vermutlich St. Brendan, dem Seefahrer, geweiht, der Amerika bereits Jahrhunderte vor Leif Eriksson erreicht haben könnte und im frühen Mittelalter wohl an der gesamten Westküste Irlands als Schutzheiliger der Wallfahrten auf See galt. Möglicherweise noch ältere Holzgebäude sind inzwischen längst verfallen.

Links: Keinem achtbaren irischen Kloster fehlte der Rundturm als Statussymbol. Und im 19. Jahrhundert setzten irische Nationalisten erneut den Rundturm mit dem Goldenen Zeitalter des klösterlichen Irland gleich. Zwischen 950 und 1200 erbaut, ähneln diese nach oben hin schmaler werdenden Türme mit ihrer kegelförmigen Spitze einem gespitzten Bleistift, der auf dem stumpfen Ende steht. Mit Ausnahme von zweien befindet sich an allen der etwa 65 bekannten Türme das Tor ca. drei Meter über dem Boden – um in gefährlichen Zeiten den Zugang zu erschweren, so hoffte man. Aber diese Türme waren nicht zur Verteidigung geeignet, denn da eine Holztreppe bis ganz nach oben führte, wäre ein Brand im Inneren – etwa durch einen Feuerpfeil – für alle und alles darinnen verheerend gewesen. Im Altirischen hießen diese Türme Cloigthech oder Glockenturm, was sie mit dem italienischen Campanile und dem arabischen Minarett verbindet. Zwar wurden Glocken erst von irischen Pilgern mitgebracht, aber die Türme dienten wohl einem ähnlichen Zweck. Die Turmspitze ist das erste, was Reisende von Glendalough sehen, und so hat sie vielleicht in vergangener Zeit Pilgern wieder frischen Mut gegeben, mit neuer Kraft ihrem Ziel zuzustreben.

Oben: An der Südküste des County Waterford wacht Kloster Ardmore (»große Anhöhe«) über die Keltische See, und ein schlanker Rundturm ist ihr Leuchtfeuer. Diese Stätte muß eine der ältesten christlichen Gründungen im Land sein, denn ihr Schutzheiliger Declan gilt als einer der vier Heiligen in Irland vor St. Patrick. Die Kathedrale aus dem Jahr 1200 wird beherrscht von dem anmutigen Turm aus dem 12. Jahrhundert, der sich zu einer Höhe von 27 Metern erhebt. Raketengleich himmelwärts strebend, erhält er durch die Querringe, die den Turmkegel in drei ungleiche Stufen unterteilen, eine gewisse Bodenständigkeit.

Gegenüber: Versteckt in den Bergen von Wicklow liegt das Tal der Zwei Seen, besser bekannt als Glendalough; das frühe irische Kloster wurde von St. Kevin gegründet, der 618 starb und über den der Dichter Samuel Lover (1797–1868) schrieb:

In Glendalough ein Heil'ger lebt',
im Duft der Heiligkeit er weilt'
vergang'ner, wohlgeliebter Duft,
kaum jemals noch riecht man ihn heut.

An jedem der beiden Seen stehen zum Kloster gehörende Kirchen, das Zentrum aber lag jenseits des unteren Sees, wo St. Kevin wahrscheinlich begraben liegt. Beim Rundturm (auf dem Bild rechts) steht die heute verfallene Kathedrale, das zweitgrößte Gebäude in Irland aus der Zeit vor dem 12. Jahrhundert. Nur wenige kleinere Kirchen sind älter als aus dem Jahr 1000. Einige gehen wohl auf die Bautätigkeit von Glendaloughs zweitem und Irlands erstem offiziell kanonisiertem Heiligen zurück, Laurence O'Toole, der hier Abt war, bevor er 1163 Erzbischof von Dublin wurde.

Glendalough trägt den Beinamen »zu den sieben Kirchen«. Davon hat als einzige St. Kevin (links) einen kleinen Rundturm, der sich über der Westseite des Steindaches erhebt. Wo heute Grabsteine sind, standen früher die Holzhütten der Mönche. Recht viele wohl, folgt man einem Bericht aus dem Jahre 1177 über eine Überschwemmung, nach deren Rückgang überall in den Straßen Fische verstreut lagen, was auf eine Siedlung von beträchtlicher Größe schließen läßt.

Gegenüber: Der Rock of Cashel ist die erstaunlichste geschlossene Gruppe von Kulturdenkmälern, die aus dem mittelalterlichen Irland erhalten sind. Majestätisch erhebt er sich über dem Golden Vale im County Tipperary. Dort soll St. Patrick einen König von Munster getauft und ihm dabei versehentlich mit dem Krummstab den Fuß durchstochen haben. Es heißt, der König ertrug den Schmerz, ohne eine Miene zu verziehen, weil er glaubte, das gehöre zur Taufzeremonie.

Tatsächlich war der Rock of Cashel bis 1101 Sitz der Könige von Munster und wurde dann der Kirche übereignet, die ihn schon bald bebauen ließ. Die ältesten Bauwerke sind der guterhaltene Rundturm und die Cormac-Kapelle, 1134 mit großem Gepränge geweiht. Mit ihren ungewöhnlichen, rechteckigen Zwillingstürmen statt einem Querschiff und dem steinernen Dachstuhl über Wänden mit Blendarkaden, aus Sandstein in warmen Farben erbaut, ist sie Irlands erstes und einziges echt romanisches Bauwerk. An sie schmiegt sich, fast übermächtig, eine gotische Kathedrale aus dem 13. Jahrhundert, die mit ihren kalten, grauen Kalksteinwänden und ihrem nicht vollendeten und statt dessen zur befestigten erzbischöflichen Residenz umgebauten Langhaus wesentlich ernster aussieht. Ein Kreuz aus dem 12. Jahrhundert mit einer Darstellung von St. Patrick wird in der jüngst restaurierten Hall of the Vicar's Choral (*links unten*) verwahrt. Das zweigeschossige Gebäude gleich beim Eingang dient heute als Museum.

Oben und rechts: Heute steht sie abseits, aber einst war Clonmacnoise eine geschäftige Klosterstadt im Zentrum Irlands, an der Kreuzung zwischen dem südwärts fließenden Shannon, einer bedeutenden Verkehrsader, und einer ihn querenden Straße gelegen, der wichtigsten Ost-West-Verbindung des Landes. Aber nicht auf der vorteilhaften Lage allein beruht ihr Ruf, sondern auch auf der Heiligkeit ihres Gründers St. Ciarán (512–545), der wohl nur das letzte Jahr seines kurzen Lebens hier verbrachte, dessen Charisma die Menschen aber bis heute anzieht. Der berühmteste Pilger an diesem ältesten bekannten Wallfahrtsort Irlands war Papst Johannes Paul II., der bei seinem Kurzbesuch 1979 Clonmacnoise als einziges altes irisches Kloster besichtigte. Die Kathedrale war das größte Kirchengebäude Irlands aus der Zeit vor 1100. Durch das gotische Fenster aus späterer Zeit fällt der Blick auf einen der Rundtürme dieser Klosterstätte, angebaut an die romanische Kirche St. Finghin. Der andere Rundturm von Clonmacnoise stammt aus den 20er Jahren des 12. Jahrhunderts. Außer der Kathedrale und der Kirche St. Finghin verfügte das Kloster über weitere Kirchen, darunter Temple Dowling (*oben, im Hintergrund*), benannt nach Edward Dowling, der die Kirche 1689 erweitern und über dem Eingang eine Tafel zur Dokumentierung seiner Tätigkeit anbringen ließ.

Unter königlichem Schutz gedieh Clonmacnoise zu einem der reichsten Klöster Irlands. Sein Reichtum wird aus einer Liste in den Klosterannalen deutlich, die die 1125 geraubten Gegenstände aufzählt, darunter ein Modell des Salomontempels, ein silberner Becher, ein vergoldetes Kreuz, ein silberner Kelch und verschiedene Juwelen, gestiftet von Königen aus Meath und Connacht und vom Erzbischof von Armagh. Bei solchem Wohlstand konnte sich Clonmacnoise auch zu einem bedeutenden Zentrum der Kunst entwickeln, obgleich keine Metallarbeiten und Manuskripte hier erhalten sind. Von der großen Kunstfertigkeit zeugen aber einige steinerne Hochkreuze, darunter das South Cross (Südkreuz) aus dem 9. Jahrhundert (*siehe oben*), das sich jetzt in der Deutungsstelle vor Ort befindet.

Das Hochkreuz gilt als Verkörperung des Geistes frühen keltischen Mönchslebens in Irland. Diese hohen Steinkreuze mit dem Ring, der die Kreuzbalken umschließt und hält und zugleich als kosmisches Symbol die Darstellung des gekreuzigten Christus umgibt, sind über und über mit Illustrationen biblischer Geschichten bedeckt, aufgelockert durch abstrakte geometrische Muster.

Von den vielen hundert Steinkreuzen, die in Irland aus dem 9. und 10. Jahrhundert erhalten sind, tragen etwa 85 figürliche Darstellungen – und die besten sind an alten Klosterstätten in der Mitte sowie im Osten des Landes erhalten. Eine solche Stätte mit einer ansehnlichen Sammlung von Kreuzen ist Clonmacnoise, wo außer dem South Cross (Südkreuz, *Seite 43 oben*) das noch schönere Cross of the Scriptures (Kreuz der Heiligen Schrift, *links*) steht, wahrscheinlich identisch mit einem Kreuz, das in zeitgenössischen Quellen aus dem Jahre 1060 erwähnt wird. Ungewöhnlich ist, daß sich der Ring reliefartig vom Kreuz und seinen nach oben geschwungenen Balken abhebt. Die zahlreichen Bildtafeln mit den gemeißelten Figuren zeigen Passion, Tod und Auferstehung Christi, außerdem auf der Seite, die hier zu sehen ist, Christus als Richter am Jüngsten Tag.

Das North Cross (Nordkreuz, *gegenüber*) in Ahenny, County Tipperary, trägt Figuren nur am Sockel, während sich der Kreuzkörper durch fein ziselierte geometrische Muster auszeichnet, die wohl Metallarbeiten nachempfunden und dem 9. Jahrhundert zuzuordnen sind.

Oben: In die Mauern der Kirchenruine auf White Island in Lower Lough Erne, County Fermanagh, sind einige seltsame Figuren eingelassen, die seit Generationen Neugier und Phantasie der Menschen beflügeln. Wir wissen, daß sie aus der Zeit nach der Christianisierung stammen, denn ein Mann, bewaffnet mit Schwert und Schild, trägt auf der Schulter eine Brosche vom »Tara«-Typ, die nicht vor dem 8. Jahrhundert n. Chr. entstanden sein kann. Die Nachbarfigur gleicher Größe trägt in jeder Hand ein vierfüßiges Tier mit Entenkopf. Um einiges größer ist eine weibliche Figur, die Stab und Glocke trägt (Pilgerin oder Äbtissin), und eine weitere Figur (männlich oder weiblich?), die eine Hand auf den Mund legt (eine Geste des Schweigens?). Beigaben und unterschiedliche Größe der Figuren erschweren die Interpretation: Was tun sie? Warum der jeweilige Gesichtsausdruck? Wer sind sie? Und: Was stellen sie dar? Gehörten sie zur Einrichtung der Kirche, trugen sie zum Beispiel die Stufen zur Kanzel oder stützten sie den Reliquienschrein eines längst vergessenen Heiligen? Sie, die ihr Geheimnis so gut wahren, sind eine Herausforderung für unsere historische Phantasie.

Rechts: Auch Lower Lough Erne im County Fermanagh besitzt eine faszinierende, mysteriöse Skulptur, bei der wir noch nicht einmal sicher sein können, ob sie heidnischen oder christlichen Ursprungs ist – die doppelköpfige Gestalt auf der Insel Boa, Seamus Heaneys »gottesäugiger, sexmündiger Stein«. Dieser unergründliche Blick, das bärtige Gesicht, die über der Brust gefalteten Arme, eine Robe mit Gürtel und Haar, das sich seitlich mit dem eines weiteren Kopfes Rücken an Rücken mit dem ersten verflicht. Was bedeutet das? Ist dies ein heidnischer Gott mit nur einem Gesicht weniger als der dreiköpfige Stein aus Corleck, County Cavan, der als keltischer Gott gilt? Oder die irische Version des doppelgesichtigen Janus aus dem alten Rom? Nie werden wir erfahren, was den Künstler bewegte, als er dieses etwas bedrohlich wirkende Antlitz aus dem Stein meißelte – sicher aber wollte er mehr, als nur Rätsel aufgeben!

SEITE 47: In den Westgiebel der Kathedrale St. Declan in Ardmore aus dem 12. oder 13. Jahrhundert sind Skulpturen eingelassen, die, in Teilen zwar rätselhaft, doch deutbare Abschnitte aufweisen. In einem Zyklus, der nicht original ist und sich über zwei untere Bögen und eine obere Nischenarkade spannt, stellen die Arbeiten in der Mitte des unteren linken Bogens die biblische Geschichte von Adam und Eva dar. Im oberen Motiv des Geschwisterbogens rechts erkennen wir eine weitere Geschichte aus dem Alten Testament. Es zeigt König Salomon, der sein Schwert erhebt und sein berühmtes Urteil spricht, welche der beiden Frauen die wahre Mutter des Kindes sei, das ihm entgegengestreckt wird, während im Hintergrund jemand (David?) Harfe spielt. Bei der Deutung der anderen Motive ist man noch nicht zu einhelligen Ergebnissen gelangt, auch ist unbekannt, ob sie früher an anderer Stelle in der Kathedrale oder überhaupt in einem anderen, längst verfallenen Bauwerk angebracht waren, auch wenn sie sehr wahrscheinlich aus der Zeit zwischen 1170 und 1210 stammen, als Ardmore Sitz einer Diözese war und die Kathedrale erbaut wurde.

GEGENÜBER: Die Pforte des Augustinerklosters in Cong im County Mayo (wo 1198 der letzte Großkönig Irlands, Rory O'Connor, starb) wurde zwischen 1220 und 1230 von Steinmetzen gemeißelt, die die neuen gotischen Spitzbögen mit ihren eher altmodischen Zackenlinien noch aus dem vorigen Jahrhundert versahen. Es ist eine der letzten großen Arbeiten der »Schule des Westens«, wie Leask sie nannte – eine Gruppe oder Werkstatt ausgezeichneter Steinmetzen, die wunderschöne Arbeiten im spätromanischen Stil schu- fen, als dieser überall außer in den Randgebieten Europas bereits außer Mode war. Die Kreuzgangarkade ist eine Nachbildung aus dem Jahre 1860, geschaffen von dem begabten ortsansässigen Steinmetz Peter Foy im Auftrag von Sir Benjamin Lee Guinness, dem damaligen Eigentümer von Ashford Castle, auf dessen Areal die Abtei liegt.

RECHTS: Auch die berühmte Zisterzienserabtei Jerpoint in Kilkenny wurde Ende des 12. Jahrhunderts romanisch begonnen. Aus dieser Zeit stammen große Teile der Kirche, wie sie sich heute präsentiert, auch wenn deutliche gotische Ankläge hinzutraten. Der große rechteckige Turm – der größte, den die irischen Zisterzienser je bauten – wurde im 15. Jahrhundert angefügt, ebenso die Kreuzgangarkade, und zwar mit finanzieller Unterstützung der Familie Butler, Earls of Ormonde.

Unten: Das erste Zisterzienserhaus, ein Vorbote der Reform, die die alten irischen Klöster wieder disziplinieren sollte, war Mellifont im County Louth, das 1142 mit Unterstützung von St. Malachy von Armagh gegründet wurde. Im Gegensatz zu der scheinbar zufälligen Anlage einiger früherer Klöster in Irland, brachten die Zisterzienser einen geordneten Plan für einen quadratischen oder rechteckigen Innenhof mit, der, von Arkaden umgeben, neben einer weiträumigen Kirche mit großen Querschiffen lag. Um 1200 bauten die Mönche in Mellifont an einer Seite des Innenhofes ein schönes zweigeschossiges Brunnenhaus, wo fließendes Wasser sprudelte, so daß sie sich vor und nach den Mahlzeiten die Hände waschen konnten. Es war umschlossen von einem Oktogon fein gemeißelter Rundbögen. Ausgrabungen in den 50er Jahren förderten so viel von der Kreuzgangarkade zutage, die etwa aus derselben Zeit stammt, daß sie ganz in der Nähe teilweise rekonstruiert werden konnte.

Links: Der Schwarze Tod oder die Beulenpest (1347–1350) forderte einen hohen Zoll von den normannischen Städten und wohl auch von den Zisterziensern. Als Anfang des 15. Jahrhunderts die gälische Kultur wiederauflebte, übernahmen andere Orden die Vorreiterrolle beim Bau von Klöstern, insbesondere die Franziskaner, deren gotische Mönchsklöster einen besonders attraktiven irischen Beitrag zur Sakralarchitektur Europas darstellen. Aber auch die Augustiner teilten die neue Begeisterung fürs Bauen und ersetzten in Ardare den luftigen Arkadenanbau der Zisterzienser durch ein stabileres Gebäude mit zweitem Stockwerk, wodurch der Kreuzgang dunkler wirkt.

Gegenüber: Etliche Jahrhunderte später lebte der gotische Stil in Herrschaftshäusern noch einmal auf, wie etwa in dem des wohlhabenden Liverpooler Kaufmanns Mitchell Henry, M. P. (1826–1919) aus der zweiten Hälfte des 19. Jahrhunderts, das in Kylemore an einem idyllischen Seeufer von Connemara steht. Nach dem Ersten Weltkrieg wurde es zur Abtei, als die irischen *Dames of Ypres* dort das einzige Benediktinerinnenkonvent Irlands gründeten.

III Festungen und Burgen

Die ersten Burgen im Land bauten die Iren selbst, insbesondere in der ersten Hälfte des 12. Jahrhunderts die O'Connors, Könige von Connacht, zur Demonstration ihrer Macht und zum Schutz vor ihren Landsleuten – auch wenn nichts von ihrem Werk erhalten ist. Aber mit der Ankunft der Normannen 1169/1170 wendete sich das Blatt. Innerhalb von 60 Jahren eroberten sie zwei Drittel des Landes – einschließlich der westlichen Provinz Connacht – durch kluges Taktieren und bessere Bewaffnung, aber auch durch den Bau von Burgen. Hastig wurden erste Brückenköpfe errichtet: runde, abgeflachte Erdhügelburgen (Motten) oder quadratische Erdaushübe mit Graben und Wall, beides mit einem Holzturm bewehrt. Aber »Guerillaangriffe« sorgten schnell dafür, daß man sich auf steinerne Befestigungen besann. Innerhalb von nur fünf Jahren begannen die normannischen Fürsten mit dem Bau solider, gemauerter Türme zur Sicherung ihres Anspruchs auf ein Land, das sie gerade erst durch das Schwert erobert hatten.

Nichts demonstriert normannische Baukunst besser als Trim Castle (*gegenüber*) im County Meath. Die 1172 von Hugh Tyrell im Auftrag seines normannischen Oberherrn Hugh de Lacy aus Erdwällen und Holz errichtete Befestigung wurde schon bald von Rory O'Connor, König von Connacht, angegriffen und niedergebrannt. De Lacy schlug sofort zurück und errichtete 1174/75 den mittleren Donjon oder Wohnturm. Eine exakte Datierung war erst in jüngster Zeit möglich anhand der Jahresringe im Holz des Baugerüstes, das in Löchern in den Außenwänden erhalten war. Die Anlage des Turms entspricht einem griechischen Kreuz mit gleich langen Balken. Er besteht aus einem quadratischen Mittelturm und seitlich angegliederten kleineren Türmen. Damit hat er aber so viele leicht zu unterminierende Außenwinkel, daß die Burg wohl eher Statussymbol als wehrhafte Befestigung war. Doch wie Rom wurde auch diese Burg nicht an einem Tag erbaut, und die Untersuchung weiterer Holzstücke ergab, daß der Turm wohl erst 30 Jahre später seine endgültige Höhe erreichte. Offensichtlich hielt man es für notwendig, die Burg weiter zu befestigen. Das Land, auf dem sie stand, wurde zu einer D-förmigen Insel gestaltet. Dazu teilte man den Fluß Boyne in zwei Arme, so daß er einen Burggraben bildete. Das Ufer wurde durch eine lange Kurtine mit Mauertürmen auf jeder Seite befestigt.

Trim ist zwar die weiträumigste, aber doch nur eine von vielen Burgen, die die Normannen in den vier Provinzen Irlands errichteten, während sich ihr Griff um das Land immer fester schloß – mit Ausnahme des Nordwestens, wo sich die Iren den Invasoren bis Anfang des 17. Jahrhunderts standhaft widersetzten. Vor der Ankunft der Normannen waren Kämpfe unter den Iren eher Scharmützel denn Schlachten, und statt Feindesland dauerhaft zu besetzen, zog sich der Sieger fast immer auf heimisches Gebiet zurück, zufrieden, den Feind zurückgeschlagen zu haben. Die Normannen aber nahmen das eroberte Land in Besitz. Die Iren waren aufgebracht – das war ein Verstoß gegen die Spielregeln –, aber bei so ungleich verteilten Chancen hatten sie dem nichts entgegenzusetzen. Erst viele Jahrzehnte später faßten sie sich und schlugen erfolgreich zurück, zum ersten Mal 1261 in der Schlacht von Calann bei Kenmare. 1347 kam die Beulenpest oder der Schwarze Tod den Iren zu Hilfe, denn sie entvölkerte die urbanen Zentren normannischer Macht, ließ aber die irische Landbevölkerung vergleichsweise ungeschoren.

Die Geschichte der Abtei Quinn im County Clare steht synonym für die weiteren Ereignisse. Dort wurde 1433 auf den Grundmauern einer alten, von den Iren niedergebrannten normannischen Burg ein Franziskanerkloster gegründet. Im 15. Jahrhundert erhob sich das gälische Irland wie ein Phönix aus der Asche, aber nicht nur in der religiösen Architektur. In dieser Zeit, in ersten Anfängen bereits im 14. Jahrhundert, begannen die Iren mit dem Bau neuer, eigener Burgen. Sie waren Statussymbole, die Freunde beeindrucken und Feinde abschrecken sollten. Doch diese Burgen unterschieden sich von ihren normannischen Vorläufern. Burgen wie Trim Castle waren so gebaut, daß eine ganze Armee darin wohnen und sie verteidigen konnte, kurz gesagt: Burg und Kaserne in einem. Die neuen irischen Burgen waren, wie ihr zutreffender Name Turmhaus schon sagt, eher für eine Familie gebaut und wurden vermutlich nur von einer Handvoll getreuer *Kerne*, den irischen Soldaten, verteidigt. Größe und Proportionen dieser Türme hingen davon ab, wie viele Arbeiter die Gutsherren zur Arbeit am Bau zwingen konnten. Einige waren sicher sehr stattlich und beeindruckend, am meisten Blarney Castle, angeblich 1446 von Cormac Láidir (»der Starke«) MacCarthy erbaut. Ein weiterer, ebenso imposanter Bau wurde wenig später in Bunratty im County Clare begonnen, wo heute jeden Abend mittelalterliche Bankette stattfinden, denen jeweils ein »Earl of Thomond« für einen Abend vorsitzt. Das Ganze in opulent ausgestatteter Umgebung mit Mobiliar, Wandbehängen und Gemälden, wie sie ein irischer Oberherr im 16. Jahrhundert besessen haben könnte.

Auf den unteren gesellschaftlichen Stufen der Burgenbauer ging es bedeutend einfacher zu. Im 17. Jahrhundert beschrieb Monsieur de la Boulage le Gouz, ein französischer Reisender, das Interieur solcher Türme: Strohdach, kaum Möbel und auf dem Boden eine dicke Schicht Binsen, »aus denen die Iren sich im Sommer auch das Bett machen«. Bestand die Möblierung auch aus wenig mehr als einem Tisch im besten Zimmer, so bog sich dieser doch unter Speis und Trank zum herzlichen Empfang eines Gastes. Der Engländer Luke Gernon schildert 1620 die ihm entgegengebrachte Gastfreundschaft und spricht von Bier, Whiskey, Wein und Ale, kredenzt von der Dame des Hauses, die stets selbst kostete, bevor sie ihm etwas reichte – ein Angebot, das er nicht abzulehnen wagte. Er aß Fleisch (»aber schlecht gekocht ohne Sauce«), während die Harfe zum Mahl erklang. Und als er sich zu Bett begab, mag er dies wohl geteilt haben, »falls die Gesellschaft angenehm war!« Solche Turmhäuser entstanden noch bis ins 17. Jahrhundert hinein. Besonders im Westen Irlands wurden etliche in jüngerer Zeit als Familiensitze restauriert (*siehe Seite 16*).

Zwar bauten die Iren auch nach dem Zusammenbruch des gälischen Ulster noch hier und da eine Burg – und bewahrten viel von der gälischen Kultur –, seit dem ersten Jahrzehnt des 17. Jahrhunderts aber wurden die Burgen von Neuankömmlingen gebaut. Diese Leute waren einst gekommen, das konfiszierte Land der besiegten Iren zu bebauen. Aber ihre Familien hatten sich längst in die irische Gesellschaft integriert und zuweilen sogar ihren Besitz der Öffentlichkeit zugänglich gemacht. Ein solches Beispiel ist Birr Castle im County Offaly (*rechts*), in den 20er Jahren des 17. Jahrhunderts von der Familie Parson auf dem ihnen zugewiesenen Gelände einer älteren Burg der O'Carrolls erbaut. In der Folgezeit wurde es durch spitz zulaufende Bastionen weiträumiger befestigt. Bei Birr sind sie am besten aus der Luft zu erkennen, besonders schön ausgebildet zeigen sie sich am Charles Fort bei Kinsale im County Cork. Ein Jahrzehnt später wurde diese scheinbar uneinnehmbare Festung, die vor seewärts gerichteten Kanonen nur so strotzte, durch die Streitkräfte König Wilhelms von Oranien von der Landseite erobert. Seinem Sieg über den Stuart-König James II. folgte ein Jahrzehnt der grandiosen Landsitze. Burgen baute man erst im 19. Jahrhundert wieder – nicht als Festung diesmal, sondern zur Demonstration von Reichtum und Pomp sowie um sich deutlich von der Mehrheit der Iren und deren einfachen Behausungen abzuheben.

Oben: Birr Castle, County Offaly

Gegenüber: Trim Castle, County Meath

Links: Wie bereits lange vorher diente auch im Mittelalter Wasser oft als Abgrenzung und Schutz nach außen. Daher baute man Burgen gern auf Inseln oder Landzungen. Kenbane Castle im County Antrim erhebt sich imposant auf einem der Küste vorgelagerten Kalkinselchen, umgeben von Felsen, an denen kein Schiff anlegen kann. Von der Landseite her ist es nur über verschlungene Wege zu erreichen. Etwa ein Drittel der Landzunge ist mit Mauern befestigt, beherrscht von einem kleinen Turm, den wohl der mächtige MacDonald-Clan in der ersten Hälfte des 16. Jahrhunderts erbaut hat. Seit der »Enthauptung« des Turms durch Sir James Croft 1551 ist die Burg eine Ruine.

Rechts: Ross Castle im County Kerry nutzte Binnengewässer – in diesem Fall die schönen Seen von Killarney – als Befestigung. Wahrscheinlich wurde das Schloß Anfang des 15. Jahrhunderts durch die Familie O'Donoghue Ross erbaut, die über dieses Gebiet herrschte, und fiel nach einem Aufstand in den 80er Jahren des 16. Jahrhunderts in die Hände von Donal MacCarthy Mór. Später gelangte es in den Besitz der Familie Browne. Die zum See hin gelegene Seite war durch eine äußere Ringmauer mit Türmen stark bewehrt, wohl weil die Burg angeblich nur vom Wasser her eingenommen werden konnte. Als Ludlow, Kommandant unter Cromwell, 1652 Boote über Land tragen und sie dann in den Seen von Killarney zu Wasser ließ, erfaßte die Menschen in der Garnison die Angst, die alte Prophezeiung könne sich bewahrheiten, und man übergab die Burg als letzte Festung in Irland den Streitkräften Cromwells. Um 1690 geriet sie während der Wilhelminischen Kriege erneut in Gefahr, und zu Beginn des folgenden Jahrhunderts wurde der Burg eine Kaserne angegliedert. 1825 schließlich wurde das Dach entfernt – und gleichzeitig die gesamte Garnison aufgelöst. Heute befindet sich die Burg in Staatseigentum, sie wurde vorbildlich restauriert und steht zur Besichtigung offen.

Rechts und gegenüber: Diese beiden Burgen sind ganz unterschiedliche Bauwerke zweier im Mittelalter bedeutender Familien in der südlichen Provinz Munster. Das kleinere, O'Brien's Castle (*rechts*) auf den Araninseln im County Galway, das heute zur Provinz Connacht gehört, stand zur Zeit seiner Erbauung auf dem Gebiet von Munster. Die Inseln gehörten damals den O'Briens, Nachkommen von Brian Boru, dem legendären König von North Munster, der 1014 in der Schlacht bei Clontarf fiel. Um 1500 errichteten sie diesen kleinen Turm auf dem steinigen Land von Inisheer, der ihrem Hauptsitz im County Clare nächstgelegenen Insel, in der Hoffnung, über den Hafen Galway den Weinhandel kontrollieren zu können. Aber schließlich entrissen die O'Flaherties von Galway den O'Briens die Inseln und schlossen sie dem County Galway an.

Ganz anders dagegen der prächtige Turm von Blarney im County Cork (*gegenüber*), um 1446 von den MacCarthys, den Königen von South Munster, erbaut. Hinter den Resten der Mauertürmchen eines Hauses aus dem frühen 18. Jahrhundert erhebt sich der fünfstöckige Turm zu einer Höhe von 25 Metern. Ein Stein unter seinem Wehrgang soll dem Beredsamkeit verleihen, der ihn auf dem Rücken liegend an der Unterseite küßt. Die Iren mögen diesen Brauch unbekannten Ursprungs kaum nötig haben, denn sie gelten ohnehin nicht gerade als wortkarg. Da aber das Wort »blarney« (für überreden) seit Jahrhunderten zum englischen Wortschatz gehört, sind die Burg und ihr Stein weltweit zum Begriff geworden.

Rechts: Die gefahrvolle Nordseeküste bildet die Kulisse für zwei höchst romantisch gelegene Burgen des mittelalterlichen Irland. Doe Castle schmiegt sich an die Landspitze Sheephaven im County Donegal. Vermutlich ließen um 1500 die MacSweeneys die Burg erbauen – die Herren über den Bezirk Doe, dessen Namen sie trägt. Sie sollten die Burg noch mehrfach verlieren und wiedergewinnen. Aufgrund ihrer überraschenden Verbindungen zu Spanien hat die Burg ihren Platz in der irischen Geschichte sicher. Doe Castle beherbergte Owen Roe O'Neill, der hier mit hundert verdienten Soldaten aus Spanien anlegte, bevor er in den blutigen Kriegen der 40er Jahre des 17. Jahrhunderts das Kommando über die irische Arme übernahm. Und bereits 1588 entbot die Burg den Überlebenden der spanischen Armada ihr Willkommen.

Gegenüber: Während sich die Spanier im County Donegal von ihrer schmachvollen Niederlage erholten, wurde die Girona, eine Galeone der Armada, bei einem Schiffbruch nach Lacada Point in der Nähe des Dunluce Castle an der Küste von Antrim verschlagen. Ihre Schätze – die schönsten, die von der verhängnisvollen Expedition übers Meer geborgen werden konnten – gehören heute zu den bedeutendsten Exponaten des Ulster Museum in Belfast. Die Burg selbst liegt verwegen auf einem Felsvorsprung, der schmal ins Meer hinausragt. Ihre ältesten Teile sind die beiden runden Bastionen, wahrscheinlich noch vor 1400 von der Familie MacQuillan erbaut. Die Macdonnells, in deren Besitz die Burg später fiel, ließen die übrigen Teile erbauen. Wahrscheinlich zogen sie sich aus Sicherheitsgründen auf das davor liegende Festland zurück, nachdem 1639 der dem Meer zugewandte Teil der Burg ins Meer stürzte und viele Bedienstete mit sich riß.

Oben und rechts: Bunratty Castle, so dicht am Shannon Aiport gelegen, daß man es bei einem Zwischenstop besichtigen kann, ist bereits die dritte oder vierte Festung an dieser Stelle. Erbaut wurde sie um 1450 von der Familie Macnamara. Im folgenden Jahrhundert ging sie in den Besitz der O'Briens, der Earls of Thomond, über. So glanzvoll, wie sie sich heute als Kulisse für die mittelalterlichen Bankette präsentiert, die dort jeden Abend stattfinden, mag die Burg in der Blütezeit der Familie gegen Ende des 16. Jahrhunderts ausgesehen haben. 1646 lobte der päpstliche Nuntius Kardinal Rinuccini Gärten und Wildpark über alle Maßen. Er habe nie ein schöneres Fleckchen Erde gesehen, sagte er. Aber noch im selben Jahr wurde das Idyll zerstört, als die Streitkräfte Cromwells die Burg ihrem Verteidiger, Admiral Penn, entrissen. Möglicherweise hat dieses Ereignis Penns kleiner Sohn William miterlebt, der spätere Gründer von Pennsylvania.

Gegenüber: Von Bunratty begab sich Admiral Penn mit seiner Familie nach Kinsale im County Cork, wo etwa 40 Jahre später die beeindruckendste Festung Irlands ihrer Fertigstellung entgegensah: das Charles Fort, so benannt nach dem Stuart-Monarchen Charles II. Die mehrstufige Befestigung des sternförmigen Forts entsprach den neuesten Ideen aus dem zeitgenössischen Frankreich, entwickelt von Vauban, dem großen Militärarchitekten Ludwigs XIV. Von der Seeseite her als uneinnehmbar geplant, erwies sich die Entscheidung, das Fort am Ufer zu bauen, dennoch als fatal: Als die Streitkräfte Wilhelms von Oranien 1690 vom Hügel aus mit Kanonen angriffen, mußte es sich ergeben. Die Kasernengebäude im Inneren wurden im 18. und 19. Jahrhundert angefügt und 1921 aufgegeben.

Seite 62: Clifdon Castle im County Galway steht heute verlassen, bietet aber immer noch einen wunderschönen Blick zum Meer über den Rasen des ehemaligen Vorgartens hinweg. Sein Erbauer, John D'Arcy, der sich dort 1815 niederließ, hatte ihn dem sumpfigen Land abgerungen. Zu seiner Zeit war er der zweitgrößte Landbesitzer in Connemara. Auf ihn geht die Entstehung der Hauptstadt Clifden zurück, die der Burg auch den Namen gab. Der viktorianische Romancier W. M. Thackeray bezeichnete Clifdon Castle als »edles Château«.

Seite 63: Eine getreue Nachbildung der zinnenbewehrten Türme aus mittelalterlicher Zeit, von der die Romantiker des Viktorianischen Zeitalters träumten (Anklänge an Tennysons »Der Sonne Strahl auf Burg und Wall«) ist Lismore Castle (*oben*). Das Alter seiner Grundmauern reicht bis in frühnormannische Zeit zurück (1814 wurden hier eingemauert in einen Turm ein mittelalterlicher Krummstab-Schrein aus der Zeit um 1100 und das sogenannte *Book of Lismore* gefunden), aber die beeindruckende Fassade, die sich über dem Blackwater erhebt, war das geistige Werk von Joseph Paxton, dem Erbauer des Crystal Palace in London. Das Schloß gehört dem Duke of Devonshire. Ein Verwandter heiratete Adele Astaire, Tänzerin und Schauspielerin und häufiger Gast auf dem Schloß.

Im späten 18. und gesamten 19. Jahrhundert erlebte der Burgenbau eine neue Blüte, nun aber zu Repräsentations- anstatt zu Verteidigungszwecken. Slane Castle (*unten*), jahrhundertelang Sitz der Familie Conyngham, wurde 1785 im klassischen Stil nach Vorlagen des Architekten James Wyatt rekonstruiert.

IV Natur und Landschaft

Auf der Landkarte sieht Irland beinah aus wie ein kuscheliges Pelztier, das bequem auf dem Hinterteil sitzt und der unliebsamen Umarmung seiner größeren Schwesterinsel im Osten den Rücken kehrt, während es zugleich die Aufmerksamkeit seines zweiten Nachbarn weit im Westen sucht. Tatsächlich liegt jener Kontinent im Westen, besonders Nordamerika, auf einer Kontinentalplatte, die sich vor 450 Millionen Jahren (in der südlichen Hemisphäre!) auf Europa zu bewegte, wobei die Nahtstelle durch das heutige Irland vom Shannon bis zur Dundalk Bay verlief. Nordwestlich dieser Linie findet man amerikanische Fossilien, südöstlich europäische. Die Natur ließ zu, daß der Atlantik dazwischentrat und beide getrennter Wege sandte, wodurch Irland in Äonen zu der liebenswerten kleinen Insel werden konnte, die es heute ist.

Der Landschaftsform nach hat Irland eine gewisse Ähnlichkeit mit einer Untertasse – in der Mitte flach, zum Rand hin durch Berge und Hügel erhöht mit gelegentlichen Durchbrüchen wie zum Beispiel an der Ostküste nördlich von Dublin. Diese Hügel, die mit dem Gipfel des Carrantuohil in den MacGillycuddy Reeks im County Kerry bei 1041 Metern ihre maximale Höhe erreichen, bestehen aus verschiedenen Gesteinstypen. Wohl über 500 Millionen Jahre alte Schiefer und Quarzite findet man in Donegal, Wicklow und Mayo, Granite in Connemara und den Mournes, Sandstein im zentralen Tiefland, Kalkstein im Burren und Kreide im County Antrim, wo Basaltströme Wunder wie den Giant's Causeway schufen. Natürlich bilden die Hügel die malerischsten Gebiete des Landes, aber auch das Tiefland enttäuscht nicht. Dort setzen interessante Gruppen sanft geschwungener Hügel Akzente in der Landschaft. Im Tiefland wie in den höheren Regionen besteht der Boden häufig aus Gras- oder Torfsoden, die sich in nur wenigen tausend Jahren entwickelten, nicht viel im Vergleich zu den Millionen Jahren der geologischen Zeitrechnung.

Es mag überraschen, daß die heute baumlose, verkarstete »Kalksteinwüste« des Burren im Norden des County Clare einst bewaldet war. Holz wurde dort schon in der Steinzeit geschlagen, was zu Denudation und Auflösung der Bodendecke führte. Ebensowenig würde man erwarten, daß ganz Irland noch vor 20 000 Jahren bis auf einen schmalen Streifen entlang der Südküste von den Gletschern der letzten Eiszeit bedeckt war. Ihr Rückzug hat in der Landschaft seine Spuren hinterlassen, Kratzer an Steinen, holprige Drumlins im County Cavan und in Clew Bay im County Mayo, wo sie halb eingesunken sind. Ebenfalls glazialen Ursprungs sind die Esker, schmale, hohe Kieshügel, die sich schlangengleich durch die Tiefebenen winden, wo sie heute oft als Straßen dienen.

Im 17. Jahrhundert holzten die Engländer, um Schiffe zu bauen und den irischen Rebellen ihre Schlupflöcher im Forst zu nehmen, weite Teile des verbliebenen irischen Urwalds ab, und so erhielt die Landschaft Irlands allmählich ihr heutiges Gesicht. Die Hecken und Mauern, die das Land mit faszinierenden Mustern überziehen, rühren weitgehend von der Landteilung her, die im letzten Viertel des zweiten Jahrtausends üblich wurde. Die Aufteilung des Landes unter den Kindern einer Familie ergab immer kleinere Felder und Güter, die nicht ausreichten, eine Bevölkerung zu ernähren, deren Zahl bis 1841 auf acht Millionen angewachsen war, jedoch nur zwei Jahre später durch Hungersnot und Emigration auf etwa ihre heutige Größe zurückging und damit halbiert wurde.

Die Mourne Mountains

Das sogenannte Königreich Mourne ist eine wunderbare, geschlossene Gebirgslandschaft im County Down, in der südöstlichen Ecke der Provinz Ulster. Geologisch einer der jüngsten Teile Irlands, haben die Granithügel, in den Worten von E. Estyn Evans, einem ihrer glühendsten Verehrer und Biographen, »den Kopf in den Wolken und die Füße im Meer«, oder, wie die Schwester von Robert Lloyd Praeger, einem anderen großen Geographen, sagt: »Hier sitzen niedere und hohe Hügel in einer Runde beisammen.« Das abwechslungsreiche Erscheinungsbild der Mournes kommt vom Granit: einem langsam abgekühlten Gestein aus feuriger Tiefe mit kristallinen Eigenschaften, aber auch einer rauhen, unwirtlichen Struktur. Doch die freundlichen, hart arbeitenden Bewohner der Mournes verstehen damit umzugehen. Aus den kleineren Steinen, rundgeschliffenen Relikten der Eiszeitgletscher, bauten sie gedrungene Trockenmauern. Eine solche Mauer, knapp einen Meter breit und zweiunddreißig Kilometer lang, steigt und fällt von Gipfel zu Gipfel und umzäunt so das Einzugsgebiet des Silent Valley Reservoir. Andere sogenannte ausstreichende Gesteine wurden kommerziell in Steinbrüchen abgebaut. Und was W. R. Rodgers beschreibt als »das vielstimmige kurze Klirren kleiner Meißel, klimpernd klar und stet im Stein«, lieferte Belfast und Lancashire das Material für Straßenpflaster und Bordsteine. Estyn Evans erzählt von Steinmetzen aus Annalong, einem Fischerhafen in den Mournes, die im Frühjahr auf den Bürgersteigen in New York die Frostschäden des vorhergehenden Winters reparierten, während andere den Atlantik nur überquerten, um auf der anderen Seite nach der Uhr zu sehen.

Oben und gegenüber: Den Mournes ist eine gewisse Pracht eigen, und die unregelmäßige Silhouette ihrer Gipfel bildet eine malerische Kulisse, von Belfast wie von Dublin aus betrachtet, den beiden Städten, zwischen denen sie liegt. Die Gipfel erheben sich bis auf über 600 Meter, beherrscht vom Slieve Donard (»slieve« oder »sliabh« ist das gälische Wort für Berg). Donard war ein Heide, der sich, ganz nach der konservativen und traditionsverbundenen Art der Bergbewohner, lange Zeit ließ, bis er den christlichen Glauben annahm, und auch das erst, nachdem St. Patrick all seine Überredungskunst aufgewandt hatte. Später zog er sich in eine Klausur auf dem Gipfel zurück, und es heißt, er lese dort noch heute jeden Sonntag die Messe. Einmal im Jahr findet ihm zu Ehren eine Wallfahrt dorthin statt. Aber die Einheimischen verehren auch Slieve Binnion, wo Boirche, der erste König von Mourne, seine Kühe hütete und über die Ereignisse im Tal wachte.

Seiten 66–67: Die Farben der Natur tanzen mit der Fröhlichkeit eines Glockenspiels, wenn sich im Frühjahr die Wiesenglockenblumen öffnen. Meist unter Bäumen und Sträuchern blühend, entfalten sie sich in den Wicklow Hills auf freiem Gelände in üppiger Pracht, wie etwa hier bei Sally Gap, wo sie einen schönen Kontrast zum zarten Gelb des Ginsters bilden.

Oben: Das Blau des Himmels und die bläulichen Töne der Seen vermischen ihre Schattierungen aufs Schönste in den Bergen von Connemara mit den Twelve Pins oder Bens, wie hier von Ballyahinch aus betrachtet.

Links: Auch die Abendsonne kann den Farben der westirischen Landschaft interessante Effekte entlocken, wo sich in den Mweelrea Mountains von Mayo das Blau des Himmels im Doo Lough spiegelt. Vor mehr als 50 Jahren hielt der Maler Paul Henry die wunderbaren Wolken über den Hügeln im Westen von Connacht fest und schuf so ganz eigene Impressionen von Irland, die seine Zeitgenossen wie spätere Generationen fesselten. Manch anderem Maler muß Irland aber geradezu ärgerlich kapriziös erscheinen, denn die Farben können so schnell wechseln, daß sie kaum auf der Leinwand festzuhalten sind – doch das macht gerade den Charme Irlands aus.

Was, außer den Fischen selbst, zieht Angler so sehr auf unberührte Gewässer in der freien Natur? Ist es der innere Frieden, den die sanft plätschernden Wellen der Seen schenken? Das sachte Schaukeln wie in einer Wiege, wenn das Boot sich von einer Seite zur anderen neigt, oder einfach nur die Flucht vor dem Alltag in die Schönheit der Natur? Auf den ruhigen Seen von Killarney (*rechts*) kann man die Stille förmlich hören, auf einem anderen, Lough Ree in Westmeath (*oben*) hingegen, zerstreut der Wind am Ende des Tages die Sturmwolken, und sein Gesang in den Binsen spendet Zufriedenheit.

Nächste Doppelseite (Seite 72): Der nördlichste – und vielleicht faszinierendste – der fünf Finger, die sich vom südwestlichen Rand Irlands in den Atlantik erstrecken, ist die Halbinsel Dingle. Ihren Namen verdankt sie einer mittelalterlichen Stadt in der Nähe ihrer Westspitze. Die Küstenlinie dort ist Trümmerstück eines massiven Vulkanausbruchs vor vielen Millionen Jahren. Dieses Ereignis schuf die zerklüfteten Umrisse von Buchten wie Clogher (*Seiten 72–74*) und Stränden wie Coumeenole (*Seiten 76–77*). Clogher Bay öffnet sich nach Westen zu einer der Küste vorgelagerten Inselgruppe mit den Inseln Inishtooskert (»die nördliche Insel«), seit 100 Jahren unbewohnt, und der Nachbarinsel Blasket im Süden, die erst vor knapp 50 Jahren verlassen wurde. Sie war der Geburtsort einer ebenso produktiven wie anspruchsvollen Schule von Schriftstellern, die auf irisch schrieben.

Der höchste Berg auf der Halbinsel Dingle ist der Mount Brandon (953 m), jahrhundertelang Ziel einer jährlichen Wallfahrt zu Ehren von St. Brendan. Brendan trug den Beinamen »der Seefahrer«, weil einer der bekanntesten mittelalterlichen Reiseberichte Europas, die *Navigatio Brendani*, erzählt, wie dieser Heilige aus dem 6. Jahrhundert von Insel zu Insel fahrend, über die Faröer, Island und Grönland möglicherweise den nordamerikanischen Kontinent erreichte. Das Boot, das seine zwölf Jünger und er dabei verwendeten, war ein Coracle, bestehend aus einem leichten, mit Leder bezogenen Holzrahmen (bei modernen Booten dieses Typs wird das Leder durch Leinwand ersetzt), das wie durch ein Wunder über die Wellen zu gleiten scheint. Solche Boote werden kieloben auf Klötzen gelagert. Zum Transport stellen sich die Männer darunter, heben das Boot auf die Schultern und tragen es zum Strand, wo es zu Wasser gelassen wird (*oben*). Überall auf der Halbinsel Dingle nennt man es nach diesem insektenartigen Anblick passenderweise *Naomhóg* – wörtlich Käfer.

Seiten 76–77: Der Strand bei Coumeenole auf der Halbinsel Dingle.

Seiten 78–79: Eine Kolonie Tölpel auf den Saltee-Inseln vor der Küste von Wexford.

Ausstreichende Kreidefelsen findet man in Irland nur an der Küste des County Antrim. Dort bilden sie steile weiße Klippen, die sich in Ortsnamen wie Larrybane (*links*; »bane« ist gälisch und heißt weiß) und White Rocks (*oben*) spiegeln.

Irlands einzige in die Liste des Weltkulturerbes aufgenommene Stätte ist der Giant's Causeway an der Küste des County Antrim, eine Anerkennung, die er als eines der wahrhaft großen Naturwunder zu Recht verdient. Er gleicht einer riesigen Bienenwabe aus Tausenden von drei- bis neunseitigen Säulen, die entstanden, als vor über 60 Millionen Jahren abkühlende Basaltströme zu dieser kuriosen Form erstarrten. Der Legende nach wurde Giant's Causeway vom großen Volkshelden Fionn MacCumhail (oder Finn MacCool) erbaut, dessen Name auch mit der zweiten beeindruckenden Ausformung dieses Phänomens verbunden ist: der Hebrideninsel Staffa, wo die Fingalshöhle Patin und Inspiration für Mendelssohns berühmte Ouvertüre war.

In anderer Weise geologisch beeindruckend sind die Cliffs of Moher an der Atlantikküste des County Clare. Sie erheben sich auf nahezu 215 Meter und bilden an einem 13 Kilometer langen Küstenstreifen eine Folge stets weiter ins Meer hinausragender Landspitzen. Auf einer Kalksteinbasis liegen flache Sandstein- und Schieferschichten. Den Sandstein erkennt man an den verschlungenen Wurmgängen in den Liscannor-Fliesen wieder, in Irland ein typischer Bodenbelag für drinnen wie draußen. Auch um diesen Ort rankt sich eine Sage, die (apokryphen) Geschichten um Máire Rua, die Rote Mary O'Brien aus Leamaneagh. Ihr stellten so viele Freier nach, daß sie jedem auftrug, ein wildes Pferd zu zähmen. Dieses aber schoß plötzlich davon und trug jeden der Reiter hinaus auf die Klippen von Moher, um ihn schließlich in die tosenden Tiefen des Atlantik zu werfen.

Seiten 84–85: Der Wasserfall bei Glenmacnass im County Wicklow.

Oben: Die vom Atlantik her wehenden Winde treffen mit großer Kraft auf die Westküste Irlands, treiben die Wolken zusammen und bringen den Regen mit, der Irland so grün macht. Die Bäume neigen sich oft zur Leeseite und sterben schließlich ab, wenn sie dem Wind zu lange ausgesetzt waren. Zum Schutz für sich selbst und ihre Häuser pflanzen die Iren hier im Westen dichte Baumreihen.

Rechts: Baumreihen als Windschutz findet man in der erhebend schönen Landschaft am Fuße des Benbulben – vielen bekannt als der Begräbnisort des Dichters W. B. Yeats. In den ländlichen Regionen des County Sligo schaffen diese Baumreihen einen ganz eigenen, unvergeßlichen Eindruck. Der Tafelberg besteht aus karbonhaltigen Kalksteinschichten. Mit der Zeit gerieten durch die Denudation des Felsens Gesteinsbrocken ins Rutschen und schufen am Fuß des Hügels eine rampenähnliche Geröllhalde. Auf dem Hochplateau wächst arktische Flora, wahrscheinlich seit dem Rückzug der Eiskappen vor etwa 20 000 Jahren, als sich hier tundrische Vegetation entwickelte.

Gegenüber: Zu den schönsten Landschaften im Südwesten Irlands zählt Glengarriff im County Cork, wo ein mildes Klima Blumen und Bäume üppig gedeihen läßt.

Seiten 88–89: Steinmauern sind typisch für viele irische Landschaften, besonders in den Gebieten mit Kalkstein- und Granitböden, wo sich die Steine geradezu für den Mauerbau anbieten. Manche Mauern – wie etwa die, die sich hier gemächlich über die Felder zum Ufer des Lough Corrib im County Galway schlängelt – sind über 30 Zentimeter dick. So wurden steinige Felder aufgeräumt und zugleich dringend benötigte Arbeitsmöglichkeiten geschaffen.

Rechts: Blütenteppiche überziehen die Felslandschaft der High Mournes im County Down.

Unten: Neben den dicken Mauern gibt es auch noch niedrigere, schmalere – bei der allgemeinen Verfügbarkeit des Baumaterials eine billige, doch effektive Methode, Grenzen zwischen Feldern zu ziehen, wenn das Land unter den Mitgliedern einer Familie neu aufgeteilt wurde. Je schmaler die Mauer, desto schwieriger ihr Bau, denn wie bei einem Kartenhaus muß ein Stein so auf den anderen gesetzt werden, daß nichts einstürzt, besonders dann nicht, wenn jemand darüberklettert. Die schmalen Mauern haben Lücken zwischen den Steinen, damit der Wind hindurchblasen kann und sie nicht umwirft, was bei einer geschlossenen Mauer passieren würde. Die Kunst, solche Mauern zu bauen, ist leider im Aussterben begriffen, denn Stück für Stück werden sie durch Zementmauern und Maschendrahtzäune ersetzt, die niemals den Charme und die Patina einer altmodischen Steinmauer entwickeln.

Gegenüber: Jede Steinmauer ist anders, jede hat ihren eigenen Charakter. Wir könnten die Geschichte einer Landschaft an ihnen ablesen, würden wir die Geschichten ihrer Erbauer kennen. Die Steinmauern im Black Valley im County Kerry wurden wahrscheinlich im vergangenen Jahrhundert von den wenigen Einwohnern dieser einsamen Gegend errichtet. Vermutlich verließen sie Land und Leute und suchten sich Arbeit und Umgang anderswo – zurück blieb eine leere Hütte – eine von Tausenden in Irland, die oft von traurigen Ereignissen wie Hungersnot oder Auswanderung oder gar beidem künden.

Seit undenklichen Zeiten bilden Rinder das Rückgrat der irischen Gesellschaft und ihrer Wirtschaft. Archäologische Grabungen an steinzeitlichen Stätten erbrachten Knochenfunde von Rindern, die offensichtlich zur Milch- und Fleischgewinnung gehalten worden waren. Ein wilder Stier – genauer, zwei wilde Stiere – waren Inspiration für die großartigste Sage des mittelalterlichen Irland. Als Königin Maeve von Connacht eines Abends ihren Besitz mit dem ihres Mannes Ailill verglich, entdeckte sie zu ihrem Kummer, daß er etwas hatte, was sie nicht besaß – einen großen, braunen Stier. Da es im ganzen Land nur ein einziges ähnlich mächtiges Tier gab, beschloß sie, sich dieses zu verschaffen. Sie stellte eine Armee auf und befahl ihr, quer durch Irland zu marschieren und das Tier im County Louth zu fangen. Aber in Cú Chulainn, dem jungen Helden am Hofe von König Connor Mac Nessa in Ulster, hatte sie einen mächtigen Feind, der es mit den Soldaten ihrer Armee aufnahm und einen nach dem anderen besiegte. Schließlich gelang es ihr doch, sich den Stier bei Cooley im County Louth zu schnappen (daher der Name der Sage – *Táin Bó Cuailnge* – »Der Rinderraub von Cooley«) – und ihn nach Connacht zu bringen, wo sie ihn an dem von Ailill messen konnte. Die Geschichte nimmt jedoch ein ganz und gar unerfreuliches Ende, indem die Stiere aufeinander losgehen und schließlich beide tot auf dem Kampfplatz liegenbleiben.

Das bescheidene Schaf hingegen hält Irland mit seiner Wolle seit ungezählten Generationen warm. Wer Auto fährt, wird die irischen Schafe kaum vergessen, ist er ihnen einmal mitten in ihrem Feierabendverkehr auf der Straße begegnet (*gegenüber*). Oft begleitet sie ein gut ausgebildeter Hütehund, der seine Herde durch das geöffnete Tor auf ein Feld und damit in Sicherheit treibt. Und wenn er nicht gerade mit seinen Schafen zu tun hat, wacht der Hund vor dem Haus seines Herrn am Straßenrand, wo er sich auf jeden arglosen Autofahrer stürzt, der es wagt vorbeizurasen, ohne anzuhalten und dem Hund die Pfote zu schütteln. Schafe haben einen unersättlichen Appetit und stehen leider in dem schlechten Ruf, damit zur Erosion beizutragen, besonders an den Hängen der Hügel im Westen Irlands.

Oben: Nur wenige wissen, daß Torfmoore wie dieses im County Kerry ein Sechstel der Fläche Irlands bedecken. Dort färben sie die Landschaft, die nur selten durch menschliche Siedlungen aufgelockert wird, in baumlosem Braun. Torfmoore entstehen, wenn sich Pflanzen, die in kaum entwässerten Böden nicht verrotten, jahrelang übereinander schichten. So schaffen sie bis zu zehn Meter dicke Ablagerungen. In den Céide Fields an der Nordküste von Mayo und anderswo wurden unter den Torfsoden etwa 4000 Jahre alte prähistorische Häuser und Steinmauern gefunden, was beweist, daß die Soden jüngeren Datums sind und die Schicht um etwa 30 Zentimeter pro Jahrhundert wächst.

Der Staat baut Torf seit 1934 aus wirtschaftlichen Gründen ab – als wertvollen Ersatz für teure Importkohle und Öl. Die halbstaatliche Organisation, die dazu 1946 gegründet wurde, heißt Bord na Móna (»The Turf Board« – Torfamt). Das Wort Móna für Torf taucht in vielen irischen Ortsnamen auf. Die irische Landbevölkerung baut Torf schon seit vielen hundert Jahren für den Eigenverbrauch ab, besonders dort, wo es kein Holz gab, mit dem im Winter das Herdfeuer unterhalten werden konnte. Besitzt eine Familie kein eigenes Moorland, kann sie ein Stück pachten und dort jährlich so viel Torf entnehmen, wie sie zum Heizen braucht.

Ob mit der Gabel oder mit dem speziell zu diesem Zweck hergestellten *Sleán* (sprich: »schlohn«) – ein sauberer »Stich« Torf wird gerätetief gestochen. Das kann man mehrfach wiederholen und den Soden nach und nach tiefer abbauen, wobei jedesmal auf der offenen Seite ein deutlicher Abdruck sichtbar bleibt. Der Torf wird nach oben auf die Bank geworfen, dann in ordentlichen *Stooks* aufgeschichtet, wo er trocknen kann. Vor Wintereinbruch wird der Torf auf Traktoren oder in Flechtkörben auf Lasteseln heimwärts transportiert und dort neben dem Haus in oft kunstvoll konstruierten Stapeln aufgeschichtet. Firsthohe Torfstapel sorgen dafür, daß die Cottages in Connemara, wie das auf dem Bild gegenüber, ihren Bewohnern auch im Winter eine warme Unterkunft bieten.

Der Burren im Norden von Clare darf sich stolz Irlands außergewöhnlichste Landschaft nennen, das schönste, karge Kalksteinplateau seiner Art in Nordeuropa. Der Dichter John Betjeman beschreibt die Landschaft als »kleine Felder felsbedeckt, grau' Gestein safrangefleckt«. Der Burren, das sind die fossilienreichen Überreste eines vor vielen hundert Millionen Jahren entstandenen Kalksteinmeeresbodens, der seine jüngere Schiefer- und Sandsteindecke wieder verlor und so zu der flachen, trockenen, faltigen Landschaft wurde, als die er sich heute präsentiert. Der gefürchtete Oliver Cromwell soll gesagt haben, der Burren sei eine Gegend, in der es »nicht genügend Bäume gibt, einen Mann zu hängen, nicht genügend Wasser, einen Mann zu ertränken und nicht genügend Erde, einen Mann zu begraben«. Aber Cromwell hatte vollkommen unrecht, denn der Burren ist weit reichhaltiger, als er sich je vorstellen konnte.

An Schwachstellen im Stein entstanden Fugen und Risse, sie wurden durch Verwitterung breiter, Wasser sickerte durch, kleine Bröckchen Erde sammelten sich, es entstand Grasbewuchs, wunderbare Winterweiden für Rinder und eine üppige, artenreiche Flora, die, wollte man sie verpflanzen (was streng verboten ist!), in anderer Umgebung welken und eingehen würde. Hier wächst eine unerklärliche Mischung arktischer und alpiner Pflanzen, die anderswo nicht nebeneinander gedeihen würden und deren Vorkommen an dieser Stelle Botaniker immer noch verblüfft. Ungewöhnliche Orchideen und seltene Pflanzen wie der Achtblättrige Silberwurz (*Dryas octopetala*), das Sonnenröschen (*Helianthemum canum*), die Dünenrose (*Rosa pimpinellifolia*, oben links) Blutstorchenschnabel (*Geranium sanguineum*), Grasnelke (*Armeria maritima*) und das Wahrzeichen des Burren, der Enzian (*Gentiana verna*), finden sich in den Gesteinsfugen, den Grykes, die in dem graublauen Kalkstein die überraschendsten Formen bilden können.

GEGENÜBER: Die Sonne geht unter im stillen Fermanagh, wohin Besucher strömen, um in den ruhigen, schilfgesäumten und fischreichen Seen Barsche, Forellen und Lachs zu angeln.

Oben, links und rechts, gegenüber: Schnee ist in weiten Teilen Irlands ein recht seltener Gast. Doch wenn er fällt, steht alles still im Land, so ungewohnt sind solche Wetterverhältnisse. Am ehesten fällt Schnee in Nordirland, wo es für die Bauern dann schwierig wird, ihre Schafe zu ernähren und am Leben zu halten.

Seite 102–103: Die Natur senkt sich zur Ruhe, wenn in Nordirland die Sonne, schon hinter dem Horizont, ihr Abendlicht über die stillen Wasser von Lough Neagh, den größten See des Landes, schickt.

So manches mag ein wenig anders gewesen sein vor 1000 Jahren, als ein irischer Dichter – anonym wie so oft – in knappen Bildern, ein Staccato fast, die dunkelste Zeit des Jahres malte:

> *Meine Kunde für dich: Der Hirsch bellt,*
> *Winter schneit, der Sommer ist fort.*
>
> *Wind rauh und kalt, die Sonne steht tief,*
> *kurz ihr Lauf, die See geht hoch.*
>
> *Tiefrot der Farn, Gestalten verborgen,*
> *die Wildgans erhebt den gewohnten Schrei.*
>
> *Kälte ergreift der Vögel Schwingen:*
> *Zeit des Eises – so meine Kunde.*

V Irische Gärten

Der Garten, wo uns Hübsches wächst« heißt ein bekanntes Lied von Johnny Paterson (1840–1889). Es erinnert daran, daß im vergangenen Jahrhundert für viele Iren der Garten ein Fleckchen Erde war, auf dem man die lebenswichtigen Kartoffeln und ein wenig Drumherum anbaute. Wer über entsprechende Mittel und Möglichkeiten verfügte, für den gab es aber auch reine Blumen-, Sträucher- oder Baumgärten – Ziergärten, wie sie in Irland seit dem 17. Jahrhundert gepflegt werden. Nur wenige dieser frühen Gartenanlagen sind erhalten – denn ein Garten unterliegt der Vergänglichkeit, wird er nicht beständig mit Umsicht und Liebe gehegt. Immerhin gibt es eine beträchtliche Anzahl an Gärten, die schon weit über 100 Jahre alt sind. Und zu den schönsten Aspekten von Irlands floralem Erbe gehören die wunderbaren Gärten, die in den vergangenen 25 bis 30 Jahren geschaffen wurden. Von vieren – Butterstream, Lakemount, Ardcarraig und Helen Dillons Garten in Dublin – berichten die folgenden Seiten.

Keiner hätte entstehen können ohne das einzigartige irische Klima, das so ideale Bedingungen für die Gartenkultur schafft. Irland liegt auf demselben Breitengrad wie Neufundland und die Hudson Bay, bekommt aber Frost und Schnee so gut wie nie zu spüren. Statt dessen liegt es wohlig in der Wärme des Golfstroms, der dafür sorgt, daß die Temperaturen nicht allzu extrem sind – sie betragen durchschnittlich im Januar 5 und im Juli 15 Grad Celsius. Bereits im 8. Jahrhundert pries der englische Historiker Beda Venerabilis Irlands mildes und gesundes Klima. Und 100 Jahre später beschrieb ein Ire im Exil, Donatus von Fiesole, sein Land aus der Ferne als »freundlich zum Leib durch milde Luft und weiche Böden« (nach Liam de Paors Übersetzung aus dem Lateinischen). Die Verbindung aus diesem Klima, der konstanten Luftfeuchtigkeit, der abwechslungsreichen Landschaft und der verschiedenartigen Böden macht Irland, wie Charles Nelson schrieb, zu »einem der großen Gartenländer«. Die Gartenexpertin Helen Dillon würde dem noch das (wegen Irlands nördlicher Position auf dem Globus) tief einfallende Licht hinzufügen, das selbst an einem trüben, dunstverhangenen Tag erstaunliche Effekte zaubern kann. Und diese seltenen Momente sind es doch, in denen alles stimmt und die zuweilen das Paradies auf Erden ausmachen.

Außerdem würde Helen Dillon immer betonen, daß sie selbst in ihrem kleinen vorstädtischen Garten Eden mehr Pflanzenarten ziehen kann als an jedem anderen Ort der nördlichen Hemisphäre. Aber wegen des Regens und der konstanten Luftfeuchtigkeit gedeihen sie hier auf speziell irische Art. Ganz gleich, wie man den Garten strukturieren und anlegen will, die Pflanzen greifen immer ein, nehmen einem das Heft aus der Hand und setzen sich durch. Vielleicht überrascht es da nicht, daß William Robinson, der Mann, der im 19. Jahrhundert die Gartenkunst auf den Kopf stellte, Ire war. Der Titel seines Buches *The Wild Garden* (1870) gibt exakt die »romantische Urwaldatmosphäre« wieder, die irische Gartenliebhaber mehr oder minder freiwillig zu erreichen hoffen dürfen. Formale Strukturen und künstliche Effekte sind daher einer irischen Anlage nicht immer angemessen, und sicher wird die Natur in einem irischen Garten immer Herrin bleiben und sich als großzügige Gastgeberin für viele exotische Pflanzen erweisen. Bäume, Sträucher und Blumen, die im Laufe des 19. Jahrhunderts aus anderen Klimazonen eingeführt wurden, paßten sich dem Klima und den Böden Irlands hervorragend an und wuchsen sogar oft höher als in ihrer Heimat, wie etwa Mount Stewart so eindrücklich zeigt.

Unterschiedliche Böden und Landschaften sowie die Einbeziehung natürlicher Gegebenheiten wie Flüsse und Bäche (in Butterstream zum Beispiel) verleihen irischen Gärten ihre magnetische Anziehungskraft. Die Gaben der Natur, Milde und Feuchtigkeit, sowie die Kunstfertigkeit, mit der es irischen Gärtnern gelingt, ein außergewöhnlich breites Spektrum an Pflanzenarten zu ziehen, machen diese Refugien, ob privat oder öffentlich, zu etwas ganz Besonderem. Es ist der reinste Genuß, sie zu betrachten und darin umherzugehen.

Des Sommers letzte Rose blüht nunmehr allein,
Ihre teuren Begleiter sind verwelkt und dahin.

Thomas Moores schöne Ballade mag dem Besucher im Ohr klingen beim Betreten der National Botanic Gardens in Dublins Vorort Glasnevin. Dort wächst eine Kulturform der Rose, die den Dichter zu seinen melancholischen Versen angeregt haben soll. Der Garten wurde 1795 auf schon bereitetem Boden angelegt, das Alter einiger Eiben, die dort heute noch stehen, geht bis ins Jahr 1740 zurück. Der berühmte Essayist Joseph Addison soll in ihrem Schatten Inspiration gesucht haben. 100 Jahre später wurden hier zum ersten Mal Orchideen aus Samen kultiviert und bis zur Blühreife gezogen. Direktor war damals David Moore, einer der wenigen, die erkannten, daß der Kartoffelbrand, der zu der großen Hungersnot von 1845-1847 führte, eine Pilzkrankheit war, doch er verfehlte knapp die Entdeckung eines Gegenmittels, das der tödlichen Wirkung des Pilzes ein Ende hätte setzen können.

Wer die Botanic Gardens besucht, tritt ein in eine Welt der Wunder, weit weg von Lärm und Hektik der Stadt. Die Wege, angelegt im letzten Jahrhundert, führen vorbei an einer sorgfältig zusammengestellten Auswahl ebenso seltener wie schöner Bäume – Eichen-, Zypressen- und Zedernarten. Als Glanzstücke können die atlantische Trauerzeder und der chinesische Taubenbaum (*Davidia involucrata*) gelten. Ein weiteres schönes Exemplar ist die Pinie (*Pinus pinea*), das dominierende Element des Steingartens (*unten rechts*), der sich pyramidenförmig über einer Cordyline erhebt, einer Pflanze aus der südlichen Hemisphäre, die in Irland wegen ihrer Ähnlichkeit mit einer echten Palme sehr beliebt ist und jedem Garten eine deutlich subtropische Note verleiht.

Für Pflanzenliebhaber sind die Botanic Gardens ein kleines Paradies. Wer nach Kontemplation sucht, findet im bestens gepflegten Rosengarten (*gegenüber*) mit seiner klaren Anlage eine beachtliche Vielfalt an Züchtungen. Wer fröhliche, bunte Farben schätzt, für den hält im Frühsommer der ganze Garten phantastische Farbkombinationen bereit (*oben rechts*), wenn roter Phlox und blauer Rittersporn sich zusammentun und die Chrysanthemen in voller Blüte stehen. Im Hintergrund erkennt man das Dach des großen, 1884 erbauten Palmenhauses. Mit seiner feuchten Urwaldatmosphäre, den Palmen, Bananen, Kletterpflanzen und anderen Exotika gehört es zu den überwältigenden Sensationen der Gärten. Als Meisterwerk viktorianischer Gewächshausbaukunst beeindruckt ebenso die Gruppe Curvilinear Range mit ihren geschwungenen Eisenträgern und Glasscheiben, erbaut von Richard Turner, von dem auch die Gewächshäuser der Kew Gardens in London stammen.

Als Lehrgarten für nachfolgende Gärtnergenerationen, als Ort der Vermehrung und damit des Bestandsschutzes seltener Pflanzen, als Sammlung von internationaler Bedeutung sowie als Ort der Erholung für Einheimische wie Gäste besitzen die National Botanic Gardens eine Schlüsselrolle in der Pflege der großen irischen Gartenkunst.

Die Gärten bei Mount Stewart am Ufer des Strangford Lough im County Down, heute vom National Trust vorbildlich gepflegt, gehören zum Beeindruckendsten und Eigenwilligsten in ganz Irland. Das Haus in ihrer Mitte wurde in zwei Abschnitten in der zweiten Hälfte des 18. und der ersten Hälfte des 19. Jahrhunderts erbaut. Lady Edith Londonderry nahm dort 1921 ihren Wohnsitz und ließ die Anlage der Gärten vom klassizistischen Stil dieses Hauses diktieren. Große Koniferen und ein künstlicher See aus den Jahren 1830 bis 1840 boten die Kulisse, vor der sie einen guten Teil des 30 Hektar großen Gartens entwarf und bepflanzte. Heute, wo sich ihre Vorstellungen zu üppiger Pracht entwickelt haben, ist er eine wahre Augenweide. Lady Londonderry rühmte sich zu Recht, entdeckt zu haben, daß das Grundstück sich ideal zur Bepflanzung eignet – der Golfstrom und 900 mm Regen im Jahr sorgen für subtropisches Klima, und der Boden ist kalkfrei. Von ihrem Wohnzimmer aus genoß sie den Blick über eines ihrer Meisterwerke: den quadratischen, vertieften Garten (*gegenüber*), dessen mittleres Rasenstück gefaßt wird von geschwungenen, mit niedrigen Hecken gesäumten Beeten mit einer verschwenderischen Fülle gelber, blauer und lilafarbener Blumen. Eine erste Entwurfsskizze der englischen Landschaftsarchitektin Gertrude Jekyll befindet sich übrigens in der Bibliothek der University of California in Berkeley. Eine Öffnung in der Pergola aus Stein und Holz, die ihn auf drei Seiten umgibt, lenkt den Blick auf den Shamrock-Garten, in dem die drei Blätter des irischen Kleeblattes von einer Eibenhecke dargestellt werden. Etwa in der Mitte ist die Rote Hand der Provinz Ulster (gepflanzt aus frischen Begonien), und darüber erhebt sich die irische Harfe, ein Beispiel vollendeten Baumschnitts.

Wo der Wasserlauf in den See mündet (*oben links*), pflanzte Lady Londonderry Gruppen blühender Bäume und Sträucher, darunter *Acer palmatum*, Pampasgras und *Kniphofia* (Fackellilien). Aber sie hatte auch Sinn für wunderbare Drolerien. Auf der Dodo Terrace (*oben rechts*) schuf sie eine Loggia voller Vögel und Tiere – manche echt, andere Phantasiegestalten – wie dem hier gezeigten Dinosaurier, gestaltet von einem ortsansässigen Steinmetz namens Beattie. Die Tiere wurden nach Mitgliedern des Ark Club benannt, den sie 1915 in ihrem Haus in London gegründet hatte und dem viele berühmte Politiker, Militärs, Maler und Bildhauer jener Tage angehörten.

Birr Castle, Stammsitz von Earl und Countess Rosse, wurde etwa 1620 auf den Resten einer älteren Burg errichtet und seither mehrfach umgebaut. Heute ist es einer der schönsten Herrensitze Irlands. In Brendan, dem siebten Earl, setzt sich die in seiner Familie schon seit 300 Jahren gepflegte Liebe zur Gartenkunst fort. Auch beide Eltern des Earls waren Gärtner, und mit der Unterstützung für Expeditionen in den Orient zum Sammeln von Pflanzen erhält er eine Familientradition aufrecht. Birr ist in vieler Hinsicht berühmt, unter anderem wegen seines kürzlich restaurierten Teleskops (mit dem zum ersten Mal Spiralnebel entdeckt wurden) und natürlich wegen seines Gartens. Das bepflanzte Areal umfaßt mehr als 72 Hektar, und zu den herausragenden Besonderheiten des Gartens gehört die Sammlung orientalischer Pflanzen, die in dieser mittleren Lage bei weniger Regen und härteren Winterfrösten als an der Küste sehr gut gedeihen. Am Seeufer (*gegenüber, links*) mit seinem alkalischen Boden scheint sich der sonst Säure liebende Rhododendron in Gesellschaft der Sumpfkalla (*Lysichitum*) überraschend wohl zu fühlen. Im Küchengarten dagegen wächst Kohl (*gegenüber, rechts*), der im Windchutz dichter Baumreihen im Herbstlicht einen ganz eigenen Reiz entwickelt. Die Krönung des Gartens von Birr dürfte aber die Hainbuchenallee sein (*rechts*): Die Farben des Herbstlaubs ergänzen die der Zweige an den Spalieren darüber und tauchen den Weg in ein mildes Licht. So fällt der Blick auf eine Statue klassischen Stils im Hintergrund, als schaue man das überreich dekorierte Mittelschiff einer Rokokokirche entlang.

»Die Fahrt von Glanmire nach Cork ist herrlich; eine Art Seepromenade zur Stadt hin, die Ufer rechts und links reich besetzt mit stilvollen Villen.« So schrieb Thomas Moore, als er 1823 durch das Dorf Glanmire bei Cork reiste. Es ist zugleich eine Hinleitung zur Poesie von Lakemount, dem Garten, den Brian Cross und seine Mutter in den letzten Jahrzehnten auf dem Gelände eines ehemaligen Hühnerhofes am Gipfel des Barnavara Hill in Glanmire geschaffen haben. Auf reichem, saurem Boden an einem Südhang mit Blick über Cork Harbor gelegen, hat sich der Garten trotz fehlenden Windschutzes prächtig entwickelt (zu besichtigen nach Anmeldung). Das einen Hektar große Gelände ist zurückhaltend in verschiedene Bereiche unterteilt. Die Hauptansicht lenkt den Blick über den Rasen (*oben*), der von riesiger Pflanzenvielfalt gesäumt wird, darunter im Vordergrund eine *Lobelia tupa*. Üppig gedeihen die Pflanzen am Lilienteich (*gegenüber*): auffallende Seggen am linken Rand und drei Flachslilien am Ufer.

Noch beeindruckender aber ist der Blutahorn (*rechts*), dessen Herbstkleid leuchtende Akzente setzt. Brian Cross ist Kunstlehrer und hat darüber hinaus den berühmten grünen Daumen, und so verwundert es nicht, daß er dreimal als Gesamtsieger aus dem landesweiten Wettbewerb *Irish Tourist Board/National Gardens Association Competition* hervorging.

Der Garten mit dem sprechenden Namen Butterstream – »Butterbach« – am Stadtrand von Trim im County Meath gehört Jim Reynolds. Als er fast noch ein Kind war, erlaubte ihm sein Vater, ein Landwirt, auf einem Stückchen Feld eigene Rosen zu pflanzen. Doch wie nicht anders zu erwarten, übernahm er sich damit ein wenig. Ein paar Jahre später aber erweiterte er seinen Horizont durch Besuche in größeren Gärten in Irland und Großbritannien. Dabei beeindruckte ihn Sissingham in Kent ganz besonders, denn dieser Garten wird nicht von einer Villa im georgianischen Stil beherrscht, sondern wirkt für sich selbst. So hielt er es auch mit Butterstream, und das mag der Grund gewesen sein, warum Prinz Charles während seines Irlandbesuchs 1995 als einzigen Garten Butterstream besichtigte. Auch der *Good Gardener's Guide* zeigte sich beeindruckt und verlieh Jim Reynolds für seine herausragende Einzelleistung zwei Sterne, die höchste Auszeichnung.

Der Garten ist eine gelungene Mischung aus formbetonter und natürlich belassener Anlage. Ein gepflegter, von Koniferen umschlossener Krocketrasen wird aufgelockert durch einen verspielten klassischen Portikus sowie eine einladende Laube, in der Kugeln und Schläger für das Spiel verwahrt sind. Am Rand des Rasens ergießt sich aus Töpfen und Kübeln eine reiche Fülle von Pflanzen über das Gras. Unter anderem findet man hier eine *Fuchsia magellanica versicolor* mit helleren Blättern als bei der Wildform, die im County Kerry wächst (*rechts, oben*). Daneben steht ein junger Buchsbaum von den Azoren, der großblättrigste seiner Art. Im Herbst wirft die Hortensie ihre Blütenblätter ab. Kontraste setzen im Juli die farbenprächtigen Staudenrabatten, allen voran die mauvefarbene *Campanula lactiflora* in der Mitte. Der Phlox links tritt dahinter zurück und schmiegt sich unter die weißen Weidenröschen. Rechts gewinnt die gelbe Wiesenraute das Rennen um den besten Sonnenplatz, aber selbst die Taglilie in der Mitte unten erstrahlt noch im Licht.

Butterstream steckt voll angenehmer Überraschungen. Wie in einem maurischen Palast lockt hinter jeder Ecke das Unerwartete – ein rechteckig angelegtes, buchsumzäuntes Beet, eine Sackgasse, ein wunderbarer Teich, zwischen dessen Wasserlilien sich ein klassischer Portikus aus Stein spiegelt.

An sonnigen Tagen beeindruckt die Mischung ineinander verfließender Farben, die sich fortzusetzen scheint, bis eine Hecke ihr Einhalt gebietet (*oben links*). Die Struktur der Staudenrabatten schmeichelt dem Auge; auf den oberen Ebenen mischt sich Campanula unter die Wiesenraute, während zu ihren Füßen Katzenminze (*Nepeta govaniana*) und blauer Phlox um die Wette klettern. Nur ein kurzes Stück weiter steht der Besucher vor einem Medusenhaupt aus Terrakotta (*oben rechts*). Eher wie die heitere Maske eines Hofnarren dreinblickend, ist sie ein harmloser Spaß und lockt zu weiteren Erkundungen in diesem Aladinsgarten.

Beaulieu, an der nördlichen Seite der Mündung des Boyne, nicht weit von Drogheda gelegen, wurde seit seiner Erbauung 1660 von Generation zu Generation innerhalb derselben Familie weitergegeben. Ganz besonders die Frauen der Familie drückten dem Garten ihren Stempel auf, allen voran die heutige Besitzerin, Nesbit Waddington. Auch sie folgte der matriarchalen Tradition und gab die große Liebe zur Gartenkunst an ihre Tochter weiter. (Das Areal steht im Sommer vormittags für Besucher offen.)

Als Fluchtpunkt des Gartens bot sich zwar das schöne Haus an, aber am meisten Aufmerksamkeit schenkte man der Anlage des Küchengartens, ausgerichtet nach dem Turm der 1807 erbauten Familienkirche (*oben rechts und links*). Kaum mehr als 30 Zentimeter hoch, kommen die Buchshecken doch deutlich als die Linien zur Geltung, die den Grundriß prägen und den Garten in Abschnitte unterteilen. Innerhalb dieser buchsgefaßten Beete sorgen alte Rosen, Bartnelken, Löwenmäulchen und Goldlack (*ganz rechts*) oder Vergißmeinnicht (*unten*) für Farbe. Mediterranen Charme verbreitet der Lavendel unter dem alten Apfelbaum (*gegenüber*). Der Garten fällt leicht ab, aber der Blick wird oft nach oben oder unten zu einem Gebäude gelenkt, das die Perspektive beschließt, sei es der Kirchturm, der an den Schöpfer dieser wundervollen Blumen gemahnt, oder eine rustikale viktorianische Holzlaube, die sommers Schutz im Schatten einer Eibe sucht.

»Der schönste Vorstadtgarten in Großbritannien oder Irland«, so wird Helen Dillons Garten in 45, Sandford Road in Dublin gewöhnlich beschrieben, und es wäre nicht übertrieben hinzuzufügen »wohl auch in ganz Europa.« Von diesem Garten, nur eine halbe Stunde zu Fuß von Dublins Stadtzentrum entfernt, kann man nur in Superlativen sprechen. Auf weniger als einem halben Hektar Fläche zeigt er eine wunderbare Pflanzenvielfalt, deren einzelne Gewächse Helen ständig auf Position, Farbwirkung und Einfluß auf den Gesamteindruck überprüft. Sie ist Pflanzenliebhaberin par excellence, läßt aber dennoch nicht zu, daß ihre Sammelleidenschaft ihrem Sinn für Ordnung, Qualität und Harmonie in die Quere kommt. Natürlichkeit in einem streng geplanten Garten, das ist ihr Geheimnis. Für mehr Lebendigkeit zieht sie deshalb ihre geraden Linien bewußt schief.

Die Blumenrabatten blühen in sorgfältig aufeinander abgestimmten Farben. Die gelbe Zwergkönigskerze *Frosted Gold* im Vordergrund (*links*) genießt die Gesellschaft vieler anderer Blühpflanzen unter der hoch aufragenden irischen Säuleneibe *Fastigiata aurea*. Von der Terrasse des 1830 erbauten Hauses fällt der Blick auf ein Sphinxenpaar, das den Eingang zu dem rabattengesäumten Rasen bewacht, dem Helens verständnisvoller Mann Val zweimal wöchentlich perfekte Pflege angedeihen läßt. Dahinter leuchten die unbeschreiblich reichen Farben der Pflanzen, die man in Irland nicht nur kennt, wenn man diesen Garten besucht hat, sondern auch aus Helen Dillons dort beliebter Fernsehsendung und ihren vielen Vorträgen in aller Welt.

Mit einer kleinen Gruppe Haselsträucher, vor Generationen gepflanzt, begann wenig aussichtsreich die Herausforderung, der sich Lorna MacMahon gegenüber sah, als sie ihr Haus in Ardcarraig bei Galway mit einem interessanten Garten umgeben wollte. Der dünne, saure, nährstoffarme Boden machte diese Aufgabe nicht eben einfacher, aber innerhalb eines Vierteljahrhunderts schuf sie hier einen der interessantesten Gärten im Westen Irlands. Die Haselsträucher wurden zurückgeschnitten, und vom Haus führt ein Weg durch das Wäldchen in eine hügelige Gartenlandschaft mit verschiedenen Abteilungen, die, der Wildnis entrissen, ein ganz neues Wesen bekamen. Zu den exotischsten gehört der japanische Garten (*oben*). Dort teilte die Besitzerin einen Flußlauf und schuf so einen Teich. Er strahlt den Frieden aus, den die *Yukumi dora*, eine 200 Jahre alte Schneelaterne symbolisiert, wie man sie in heiligen japanischen Gärten findet. Mit einem Miniatur-Fujiyama im Hintergrund fügt sie sich hier wie selbstverständlich ein.

Lorna MacMahon verstand es auch, sich die Vorteile einer abgesenkten Stelle vor ihrem Haus zunutze zu machen. Sie überlistete die rauhen, vom Atlantik her wehenden Winde und pflanzte zunächst langsam wachsende Sträucher und Zwergkoniferen wie die goldene Trauerzeder und die aufrecht stehende goldene Eibe, deren Wachstum heute alle Erwartungen übertrifft. Hinter dem Haus schuf sie einen tiefer liegenden mediterranen Garten (*rechts*), aufgelockert durch die moderne Variante eines antiken Bienenkorbkrugs, der von der Insel Kreta stammt und auf traditionelle Weise hergestellt wurde.

VI Orte und Städte

Dublin ist Irlands größte Stadt; die Zahl der Menschen, die an den Ufern der Dublin Bay und im Hinterland leben, beläuft sich auf über eine Million. Sie machen damit zwischen einem Viertel und einem Drittel der Gesamtbevölkerung der Insel aus. Dublin platzt aus allen Nähten. Daran können wir noch heute die weise Voraussicht der Wikinger erkennen, die an dieser vorteilhaften und gut zugänglichen Stelle 841 ihr erstes großes Handelszentrum errichteten. Vor der Ankunft der Wikinger gab es in Irland nur die Klostersiedlungen, das Stadtähnlichste, was die Iren bis dahin zu bauen in der Lage gewesen waren. Noch eine ganze Reihe weiterer Stadtgründungen entlang der Küste gehen auf die Wikinger zurück. Einige, wie Wexford und Waterford, tragen noch immer skandinavische Elemente in ihrem Namen. Waren die Wikinger ursprünglich gekommen, um für eine begrenzte Zeitspanne Handel zu treiben, so bauten sie jetzt Häuser und ließen sich dauerhaft nieder. Dublin gehörte zu den wichtigsten Siedlungen außerhalb ihres Heimatlandes. Diese bevorzugte Stellung rührte von Dublins günstiger Lage auf halber Strecke der Seerouten der Wikinger entlang der europäischen Atlantikküste, für einen Handelsposten also geradezu ideal. Für Irland selbst wurde Dublin mit der Zeit zu einem Politikum, zu einem Preis, um den sich zu kämpfen lohnte. Greifbar wurde seine bedeutende Stellung im Lande, als die Anglonormannen die Stadt kurz nach ihrer Ankunft 1169/70 besetzten. Noch bis 1922 sollte sie Zentrum einer Besatzungsmacht bleiben. Seither setzte ein enormes Bevölkerungswachstum ein, was umgekehrt in anderen, besonders den westlichen Landesteilen zu einem entsprechenden Bevölkerungsrückgang führte. Einen ersten Zenit erreichte Dublin zwischen 1782 und 1800 als Zentrum eines unabhängigen irischen Parlaments. Danach aber schwand seine internationale Bedeutung.

Im 19. Jahrhundert entstand in ganz Irland eine wohlhabende neue Mittelklasse, das Rückgrat der Entwicklung vieler irischer Städte. Einige dieser urbanen Zentren hatte es bereits im Mittelalter gegeben, andere entwickelten sich von wenigen kleinen Siedlungen zu wohlhabenden Marktstädten, gekennzeichnet durch ein oder zwei veritable Bankgebäude und zweigeschossige Häuser, oft mit Ladengeschäft im Erdgeschoß und im Stockwerk darüber einer komfortablen Wohnung für die Familie. Einfacher in ihrer Struktur waren die Dörfer, selbst heute noch eine bunte Mischung aus ein- und zweigeschossigen Bauten, wobei der aktuelle wirtschaftliche Aufschwung zunehmend eine Bandbebauung der Ausfallstraßen irischer Dörfer und Städte mit Bungalows mit sich bringt.

Der Seehandel sorgte dafür, daß sich Irlands größte Städte an der Küste entwickelten –, Dublin, Belfast, Cork, Waterford, Galway und Wexford zum Beispiel – aber auch im Binnenland entstanden blühende Städte, besonders in Landstrichen mit reichen Böden. Ganz gleich, wie klein der Ort auch sein mag, fast immer gibt es mindestens einen Pub, ein Ort der Begegnung für die bäuerliche Bevölkerung. Und sogar Dörfer können sich oft rühmen, zwei Kirchen zu besitzen, wobei sich das wachsende Selbstbewußtsein der katholischen Bevölkerung im 19. Jahrhundert darin ausdrückt, daß ihre Kirchen den höheren Turm haben.

Oben: Durch eine seltsame Wendung der Geschichte besitzt Dublin zwei Kathedralen, keine in den Händen der katholischen Bevölkerungsmehrheit, beide aber liebevoll gepflegt von der kleinen (anglikanischen) Gemeinde der Church of Ireland. St. Patrick, die jüngere aus dem 13. Jahrhundert, trägt diesen Namen, weil der irische Nationalheilige nach der Überlieferung hier an einem Brunnen die Menschen von Dublin getauft haben soll. Die recht baufällige Kathedrale wurde mit großzügiger Unterstützung der Familie Guinness im vergangenen Jahrhundert restauriert und in ihrer harmonischen Pracht wiederhergestellt, was ihren berühmtesten Dekan, Jonathan Swift, von Herzen gefreut hätte.

Gegenüber: Der Liffey fließt durch die Innenstadt von Dublin und teilt sie klar in eine nördliche und eine südliche Hälfte, die miteinander seit jeher in friedlichem Wettstreit liegen. Aber die beiden Hälften sind durch Brücken verbunden, die im nächtlich erleuchteten Dublin deutlich zu erkennen sind.

DUBLIN
WOOLLEN
MILLS

Oben: Im Jahr 1977 begann der Aufstieg der irischen Rockband U 2, die später einmal als »die absolut größte im ganzen Universum« bezeichnet wurde. Durch die charismatische Ausstrahlung ihrer Mitglieder und die politischen wie religiösen Untertöne in ihren Texten hoben sie sich von allen anderen ab, und als 1987 *The Joshua Tree* herauskam, sprach man in der ganzen Welt von U 2 eher als von einem Phänomen denn von einer Band. Das Aufnahmestudio befand sich in der Windmill Lane nahe den Docks in Dublin, und seine Außenwände, dekoriert mit einer bunten Graffiti-Sammlung, wurden unter den leidenschaftlichen Fans der Band fast zum Kultobjekt.

Gegenüber: Dublin ist berühmt für seine Architektur vor allem des 18. und beginnenden 19. Jahrhunderts, deren Stil gewöhnlich als georgianisch bezeichnet wird, denn sie entstand während der Regentschaft der ersten vier englischen Könige mit dem Namen George, insbesondere während der von George III. (1760–1820). Die roten Backsteinhäuser dieser Epoche spiegeln die Eleganz der Zeit. Besonders bekannt sind die Häuser mit den wohlproportionierten Eingangsportalen zwischen dem Merrion Square und dem Fitzwilliam Square an der Südseite des Liffey. Jedes Portal ist anders (*oben*), gemeinsam ist aber fast allen ein Türrahmen mit Pfeilern und dorischen oder ionischen Säulen sowie zuweilen Fenstern auf jeder Seite. Fast alle haben ein elegantes Fächerfenster im halbrunden Tympanon über der Tür.

Nicht viele Häuser im georgianischen Stil sind der Öffentlichkeit zugänglich, die Gäste des Merrion Hotel in der Upper Merrion Street aber können sich an der handwerklichen Perfektion der Türen erfreuen, deren Rahmen ganz nach dem Geschmack der Zeit mit floralen Motiven zwischen klassischem Gebälk verziert sind (*unten, Mitte und rechts*).

Zu Dublins schönsten öffentlichen Gebäuden aus dieser Epoche gehört das von dem Architekten James Gandon in den Jahren 1781–1791 erbaute Custom House (Zollamt). Es ist überreich mit feinsten Details verziert, und in dem Iren Edward Smyth fand der Architekt einen Bildhauer, dessen Fähigkeiten Gandons Anforderungen aufs beste entsprachen. Smyth meißelte die Köpfe über den Bögen des Custom House, jeder eine Darstellung eines irischen Flusses, abgebildet hier der Fluß Lagan (*unten links*). Alte irische Banknoten trugen Zeichnungen dieser Köpfe, und je höher der Wert der Note, desto breiter war das Lächeln des abgebildeten Kopfes!

61
RS

79
BSI

Belfast, Hauptstadt von Nordirland, entwickelte sich im Laufe der vergangenen vier Jahrhunderte von einem kleinen Marktflecken, in dem mit Baumwolle und Leinen gehandelt wurde, zu einer florierenden Metropole mit über einer halben Million Einwohnern, wunderschön gelegen in dem Tal, in dem der Lagan in den Belfast Lough fließt. Der Platz vor der imposanten Kuppel des Rathauses (erbaut 1902–1906), die das Stadtzentrum beherrscht, ist für die Bürger ein Ort der Begegnung, des Protestes und der Feierlichkeiten zum Neuen Jahr.

Die Architektur der Stadt trägt weithin Züge des 19. Jahrhunderts und spiegelt damit die Zeit ihres größten Reichtums, die bis in unser Jahrhundert anhielt. Einst baute die bekannte Werft Harland and Wolff mehr Tonnage als alle anderen. Ihr berühmtestes Schiff ist die *Titanic*. Die Holzvertäfelung, die für das Schwesterschiff *Britannica* gedacht war, findet sich heute im Restaurant im ersten Obergeschoß von Belfasts schönstem Juwel, dem »Crown Bar Liquor Saloon« an der Great Victoria Street, dessen Fliesenfassade von 1898 (*gegenüber*) der National Trust unter Denkmalschutz stellte.

IT
LIQUOR
THE CROWN
SALOON.
VAUL

Rechts: In Irland ist Wasser nie weit weg, und im Leben des Landes spielt es eine wichtige Rolle. In Gestalt des Meeres, das die Insel umgibt, bietet das Wasser Bootsbesitzern endlose Möglichkeiten der Freizeitgestaltung, wie zum Beispiel in Bullock Harbor in einem Winkel der Dublin Bay, wo Angler ihre Freude finden und man Ausflüge zur fernen Insel Dalkey unternehmen kann.

Unten: Die meisten größeren Städte Irlands liegen direkt am Meer und spielten im Überseehandel einst eine bedeutende Rolle. Spanien und Island gehörten zu den Seehandelspartnern der westlichen Hafenstadt Galway. »Kenny's Bookshop & Art Gallery« dort ist ein Mekka für Kunstsammler und Bibliophile.

Gegenüber, oben links: Angesichts solch unerschöpflicher Ressourcen vor der Haustür ist es kein Wunder, daß viele irische Städte unmittelbar zum Meer hin ausgerichtet sind und nur eine schmale Straße die Häuser vom Quai trennt, wie etwa in Kinvara an der Galway Bay.

Gegenüber, oben rechts: Der kleine Hafen Cobh, von dem aus so viele irische Emigranten nach Amerika in See stachen, genießt den Schutz von Cork Harbor, und Passagiere, die heute dort auf großen Luxuslinern einlaufen, bewundern die Kulisse der Häuser, die sich in dichten Reihen an den steil aufragenden Hügel drängen.

Gegenüber, unten: Das Wasser des Liffey verleiht dem *Guinness* seinen besonderen Geschmack. Mit *Murphy's* und *Beamish* gehört es zu den drei großen Stout-Bieren des Landes, die so mancher Ire nie ausgehen läßt. Man trinkt das Bier gemächlich zu Musik oder genießt es im Sommer vor dem Pub am Ende eines langen und harten Arbeitstages.

M.O'REGAN
CAFE

DOUX PRESAGE
CORK

MUSIC
MUSIC

VII Irlands Menschen

Der Dichter John Hewitt aus Ulster faßt die Einflüsse, die sich in der irischen Bevölkerung von heute vermischen, kurz und prägnant zusammen:

Kelten, Briten, Sachsen, Dänen und Schotten,
die Zeit und die Insel schlingen seltsame Knoten.

Es sind sich wohl alle darin einig, daß diese Mischung äußerst gelungen ist. Die Bilder von Jungen mit Sommersprossen und rotem Haar sowie von *Colleens* (abgeleitet vom gälischen Wort »cailín« für Mädchen) mit dunklem Haar und blauen Augen sind fast schon zum Klischee geworden, und das nicht ganz ohne Grund. Es ist jedoch schwierig, »typisch irische« Züge beschreiben zu wollen, die ohnehin überall anders wahrgenommen werden. Was die Körpergröße anbelangt, so gibt es natürlich die ganze Bandbreite (früher mußte man mindestens 1,80 m groß sein, wollte man zu den *Gardaí*, der irischen Polizei).

Das Bild vom »typischen Iren« ist ebenso übertrieben wie veraltet. In den Iren wird man immer nur das sehen, was man sehen will – es kommt auf den Blickwinkel an. Man sollte meinen, daß die neutralste Haltung von Außenstehenden käme. Aber selbst das steht zu bezweifeln, betrachtet man die Einschätzung des bekannten englischen Literaten Dr. Samuel Johnson, kein sonderlicher Irlandfreund, der behauptete: »Die Iren sind ein faires Volk – sie sprechen nie gut über einander«, auch wenn man sagen muß, daß die Iren sich selbst durchaus zuweilen als »ein Volk von Neidern« bezeichnen. In erfreulichem Gegensatz dazu empfand Johnsons Landsmann, der Earl of Birkenhead, die Iren als »von so individuellem Charakter, so beständig in Liebe oder Haß, so bezaubernd, wenn sie guter Stimmung sind«, und in einer Ansprache an die Iren schrieb Percy Bysshe Shelley, der englische Dichter der Romantik, 1812:

Oh Irland! Du Smaragd des Meeres, dessen Söhne großherzig und tapfer, dessen Töchter ehrenhaft sind, aufrichtig und hübsch! An deinen Ufern, so sehnte ich mich, solle wehen das Banner der Freiheit – eine Feuerflagge – ein Leuchtfeuer, an dem die Welt die Fackel der Freiheit entzündet!

Ganz allgemein könnte man Irlands Menschen als gelassen, höflich und herzlich, hilfsbereit und gastfreundlich beschreiben, interessiert mehr am Wohle anderer als am eigenen Reichtum, als konservativ, bibeltreu und humorvoll, als großartige Erzähler und Philosophen, die sich Zeit nehmen zum Nachdenken und zum Reden, wenn auch nicht immer in dieser Reihenfolge! Und neugierig sind sie auch. Sie wollen wissen, woher man kommt und wie einem ihr Land gefällt. Ganz sicher ist den Iren aber Sinn für sprachliche Artistik eigen, eine unbewußte Eloquenz, die herrührt von einem großen, phantasievoll genutzten Wortschatz, wo Spiele mit Worten häufig (besonders augenfällig auf Werbeplakaten) und Wortspielereien eine läßliche Sünde sind und wo man den geschliffenen Satz liebt, zu hoher Kunst erhoben vom Meister dieses Fachs, Oscar Wilde. Diese Sprachwerkstatt hat große Literatur geschaffen, teils in gälisch, am bekanntesten aber sind die Werke in englischer Sprache. Welches andere Land von Irlands Größe kann sich rühmen, vier Literaturnobelpreisträger hervorgebracht zu haben – W. B. Yeats, G. B. Shaw, Samuel Beckett und jüngst Seamus Heaney?

Von alten Gewohnheiten trennt man sich nur schwer, vor allem wenn man sie schon lange pflegt. Das gilt in besonderem Maße für Irlands älteste Wallfahrt, die einmal im Jahr nach Croagh Patrick im County Mayo stattfindet. Schon aus der Ferne scheint dieser kegelförmige Berg allein aufgrund seiner Form geradezu prädestiniert für eine der heiligsten Stätten Irlands. In vorgeschichtlicher Zeit war er mit großer Sicherheit Ort eines jährlichen Erntefestes zu Ehren von Lug, dem guten Gott der heidnischen Kelten. Die Menschen machten sich von weither auf den Weg zum Berg, um dort ihre Freunde und Verwandten von der anderen Seite zu treffen, zu heiraten, Streit zu schlichten oder was immer anstand. Die christliche Kirche deutete dieses alte heidnische Fest höchst diplomatisch in ein christliches um und stimmte das Datum entsprechend ab: den letzten Sonntag im Juli. Dementsprechend galt die inzwischen christliche Wallfahrt nun St. Patrick statt Lug. Nach der Überlieferung bestieg St. Patrick den Gipfel des *Reek*, wie der Berg bei den Einheimischen heißt, und fastete dort nach dem Vorbild Moses' 40 Tage lang.

Jedes Jahr am letzten Julisonntag kommen die Menschen nach Croagh Patrick zur Wallfahrt. Junge wie Alte, Kleriker wie Laien erklimmen den steinigen Weg zum Gipfel, 765 Meter über der Clew Bay, den Stock in der Hand wie mittelalterliche Pilger. Bis vor wenigen Jahren wurde der Berg barfuß nachts bei Kerzenlicht erstiegen, heute aber gehen fast alle bei Tag und ersparen anderen den Anblick ihrer schmutzigen Zehen. Unterwegs hört man Sündenbekenntnisse und Gebete, auf dem Gipfel wird die Messe gelesen, in einem Oratorium, erbaut ganz in der Nähe eines anderen, mittlerweile verfallenen, das tausend Jahre zuvor errichtet worden war.

Was eigentlich als Wallfahrt zur Buße gedacht ist, entpuppt sich jedoch als recht fröhliche Angelegenheit. Die Menschen schwatzen miteinander, lachen und reißen Witze – nur wenig dürfte sich verändert haben im Vergleich zum Fest zu Ehren des Gottes Lug vor nahezu zwei Jahrtausenden. Vielleicht wurden hier und da ein paar Äußerlichkeiten modifiziert, der Geist aber blieb derselbe.

Links oben: Der Traum eines kleinen Mädchens zwischen Hyazinthen – ihre Zukunftsaussichten sind heute rosiger, denn Irland erlebt einen wirtschaftlichen Aufschwung.

Links Mitte: Auf den Araninseln ist der Mensch der beste Freund des Hundes – dieser Mann lächelt, während er eine Pause bei der Kartoffelernte einlegt.

Links unten: Man muß nicht unbedingt in der Blüte seiner Jahre stehen, um Freude an farbenfroher Kleidung zeigen zu können.

Oben: Das Leben mag alternden Gelenken hart zusetzen, aber wer wollte sich darum grämen, hat man nur etwas Zuversicht und einen Schutzengel an seiner Seite.

Oben rechts: Kristallglas aus Waterford zählt zu den Glanzstücken des Kunsthandwerks.

Oben: Weihnachtslieder, hier gesungen von einem Knabenchor in Talaren, gehören in Dublin zum Weihnachtsfest einfach dazu.

Oben Mitte: Vor den Klippen von Moher zeigen Musiker, daß der County Clare zu Recht als Drehscheibe irischer Volksmusik gilt.

Oben rechts: An Bloomsday, alljährlich am 16. Juli, wirft sich die literarische Welt Dublins in Schale, um James Joyces »Ulysses« zu ehren, einen der größten Romane des Jahrhunderts, der die Ereignisse im Leben des Leopold Bloom und seiner Freunde an jenem schicksalhaften Tag im Jahre 1904 beschreibt.

Rechts: Irischer Volkstanz ist beiderseits des Atlantiks seit langem beliebt. Die Mädchen tragen dabei Kostüme, die ihre Mütter in tage- und nächtelanger Arbeit mit keltischen Motiven verziert haben.

Ganz oben links: Die irische Variante des Fußballs heißt *Gaelic*. Anders als nach herkömmlichen Regeln ist Handspiel dabei ausdrücklich erlaubt. Irischer Fußball wird weltweit gespielt, wo immer sich sportliche Iren zusammenfinden.

Ganz oben Mitte: Tauziehen ist in Irland beliebter Sport bei Jahrmärkten auf dem Land.

Ganz oben rechts: Der traditionelle Coracle, ein Boot mit leichtem Holzrahmen und Leinwandbespannung, das zum Fischen und im Verkehr zwischen den Inseln eingesetzt wird, ist heute oft mit einem Außenbordmotor ausgerüstet.

Oben links: Pferderennen – der Sport der Könige – werden in irischen Hochadelskreisen seit Anbeginn geschichtlicher Zeit veranstaltet.

Oben Mitte: Auf zur Jagd!

Oben: Die *Royal National Lifeboat Institution of Ireland* (Seenotrettungsgesellschaft) und ihre Mannschaften sorgen für die maritime Sicherheit dieses Seefahrervolkes.

Links: Golfplätze sind in Irland so zahlreich vorhanden, und dieser Sport ist ganz allgemein so verbreitet, daß Arm und Reich gelegentlich Birdies erzielen können.

FOURTH
THIRD
SECOND

Seiten 132–134: Bei den Galway Races im Juli und August sind die Wetteinsätze höher (und die Verluste oft größer) als bei jedem anderen Rennen im Land. Bei der Pferdeparade in der Koppel begutachtet die Gesellschaft die Zuchterfolge.

Oben: Kinder im Westen Irlands: Das Land verfügt über ein ausgezeichnetes Schulsystem, so daß diese beiden unbeschwert in die Zukunft blicken können.

Wenn die Sonne hinter den Hügeln im Westen des County Kerry versinkt, bleibt beim Abendspaziergang am Strand von Brandon auf der Halbinsel Dingle Zeit und Muße, um über die Sieben Alter des Menschen und die endlose Schönheit Irlands nachzusinnen.